Impressum
Verlag: BABADADA GmbH, Nedderfeld 112 , 22529 Hamburg
Geschäftsführer / Verlagsleitung: Harald Hof
Druck: Books on Demand GmbH, In de Tarpen 42, 22848 Norderstedt

Imprint
Publisher: BABADADA GmbH, Nedderfeld 112 , 22529 Hamburg, Germany
Managing Director / Publishing direction: Harald Hof
Print: Books on Demand GmbH, In de Tarpen 42, 22848 Norderstedt

ቤት-ትምህርቲ

koulu

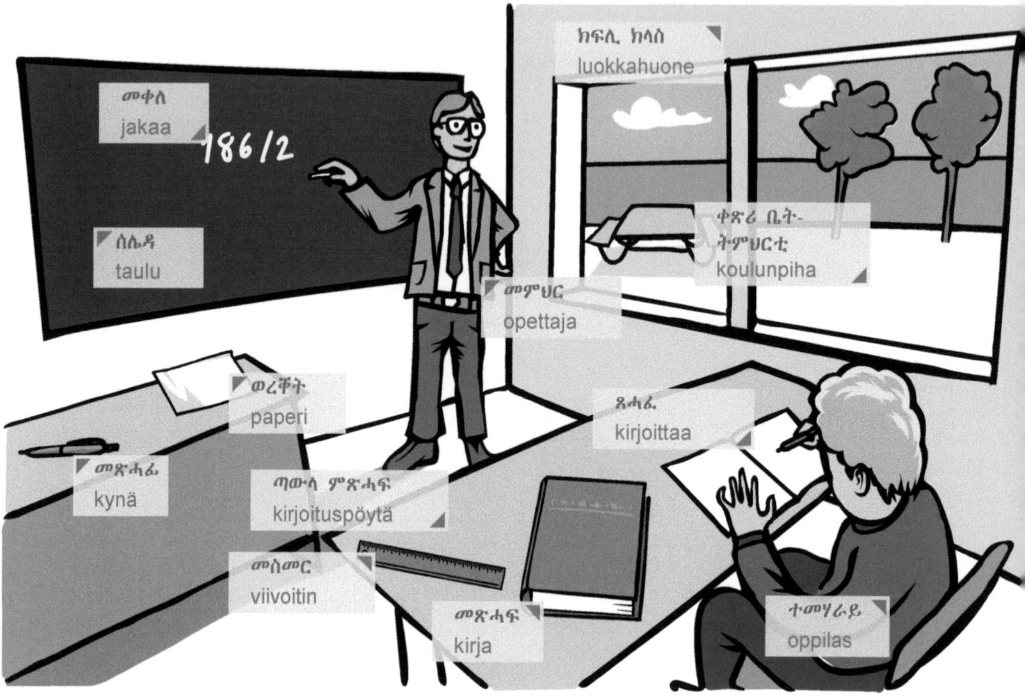
ክፍሊ ክላስ
luokkahuone
መቀለ
jakaa
186/2
ሰሌዳ
taulu
ቀጽሪ ቤት-ትምህርቲ
koulunpiha
መምህር
opettaja
ወረቐት
paperi
ጸሓፈ
kirjoittaa
መጽሓፊ
kynä
ጣውላ ምጽሓፍ
kirjoituspöytä
መስመር
viivoitin
መጽሓፍ
kirja
ተመሃራይ
oppilas

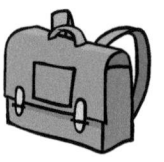

ሳንጣ ትምህርቲ

reppu

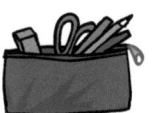

ሰፈር ብርዒ

penaali

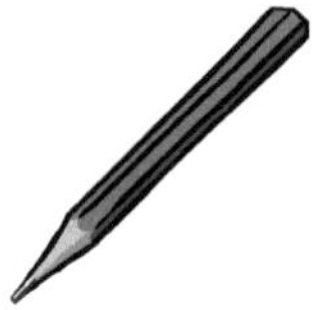

ርሳስ

lyijykynä

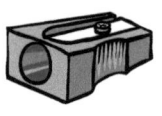

መብልሒ ርሳስ

kynänteroitin

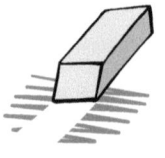

መደምሰሲ

pyyhekumi

ጥራዝ ስእሊ

piirustuslehtiö

ስእሊ

piirustus

ብርዒ ቀለም

pensseli

ቦክስ ቀለም

vesivärit

መቀስ

sakset

መጣበቂ

liima

ጥራዝ መላመዲ

harjoituskirja

ዕዮ ገዛ

kotitehtävä

12

ቁጽሪ

luku

2+2

ወሰኸ

lisätä

5-2

ጎደለ

vähentää

2×2

ረብሐ

kertoa

ደመረ

laskea

A

ፊደል

kirjain

ABCDEFG HIJKLMN OPQRSTU VWXYZ

ስርዓት ፊደላት

aakkoset

hello

ቃል

sana

ጽሑፍ

teksti

አንበበ

lukea

ኩርሽ

liitu

ሰዓት

oppitunti

መዝገብ ክላስ

opettajan muistikirja

መርመራ

koe

ሰርቲፊከት

todistus

ድቢዛ ቤት ትምህርቲ

koulupuku

ትምህርቲ

koulutus

ለክሲኮን

sanakirja

ዩኒቨርሲቲ

yliopisto

ሚክሮስኮፕ

mikroskooppi

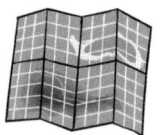

ካርታ

kartta

ጎሓፍ ወረቐት

roskakori

መቆበሊ አጋይሽ
hotelli

ሆስተል
retkeilymaja

ROOMS

CHANGE

ቦታ ቅያር ገንዘብ
rahanvaihto

ባሊጃ
matkalaukku

መኪና
auto

ቋንቋ
kieli

እወ / ኖ
kyllä / ei

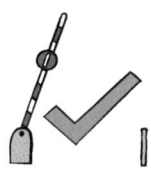

ሕራይ
selvä

ሰላም
hei

አስተርጓሚ
tulkki

የቸንያለይ
kiitos

. . . ክንደይ ዋግኡ?

Paljonko...maksaa?

አይተረድኣኹን

en ymmärrä

ሽግር

ongelma

ሰላም ምሽት!

Hyvää iltaa!

ከመይ ሓዲርካ

Hyvää huomenta!

ሰላም ለይቲ

Hyvää yötä!

ደሓን ኩን

näkemiin

ኣንፈት

suunta

ጉዳዝ

matkatavarat

ሳንጣ

laukku

ሳንጣ ሕቖ

reppu

ጋሻ

vieras

ክፍሊ

huone

ክሻ መደቐሲ

makuupussi

ቴንዳ

teltta

ሓበሬታ በጻሕቲ ሃገር

turisti-info

ገምገም ባሕሪ

ranta

ክሬዲት ካርድ

luottokortti

ቁርሲ

aamupala

ምሳሕ

lounas

ድራር

päivällinen

ቲከት

matkalippu

ሊፍት

hissi

ማሕተም ደብዳበ

postimerkki

ዶብ

raja

ድንና

tulli

ኤምባሲ

suurlähetystö

ቪዛ

viisumi

ፓስፖርት

passi

መጓዓዝያ
kuljetus

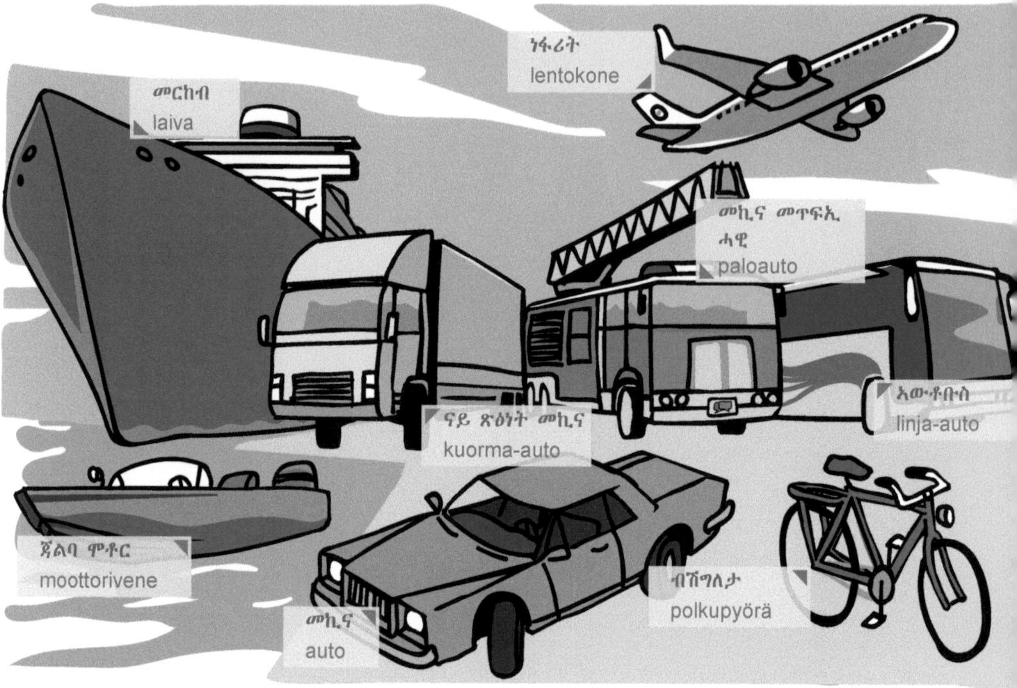
ነፋሪት
lentokone
መርከብ
laiva
መኪና መጥፋኢ ሓዊ
paloauto
ኣውቶቡስ
linja-auto
ናይ ጽዕነት መኪና
kuorma-auto
ጃልባ ሞቶር
moottorivene
ብሽግለታ
polkupyörä
መኪና
auto

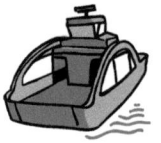

ፈሪ

lautta

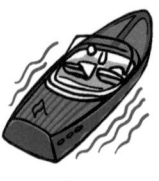

ጃልባ

vene

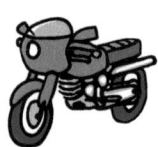

ሞቶ

moottoripyörä

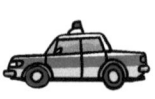

መኪና ፖሊስ

poliisiauto

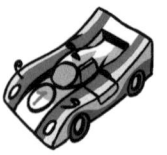

መኪና ቅድድም

kilpa-auto

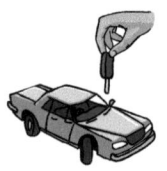

ክራይ መኪና

vuokra-auto

ምውፋይ መካይን

car sharing

መወሰዲ መኪና

hinausauto

መኪና ጎሓፍ

roska-auto

ሞቶር

moottori

ነዳዲ

polttoaine

እንዳ ነዳዲ

huoltoasema

ምልክት ትራፊክ

liikennemerkki

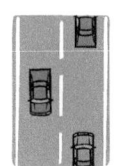

ትራፊክ

liikenne

ምጭቅጫቅ ትራፊክ

ruuhka

መዐሸጊ መኪና

parkkipaikka

መዕረፊ ባቡር

rautatieasema

ሓዲግ

raiteet

ባቡር

juna

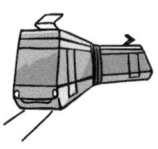

ትረም

raitiovaunu

ባጎኒ

vaunu

ሄሊኮፕተር

helikopteri

መዓረፈ ነፈርቲ

lentokenttä

ታወር

lähilennonjohto

ተጓዓዢ

matkustaja

ኮንተይነር

kontti

ሳንዱቅ ካርቶን

pahvilaatikko

ኮርሳ ጽዕነት

kärryt

ዘንቢል

kori

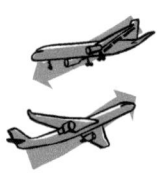

ተብጊሶ / ዓለበ

nousta / laskea

ከተማ

kaupunki

ቀሳሻት

kylä

ማእከል ከተማ

keskusta

ገዛ

talo

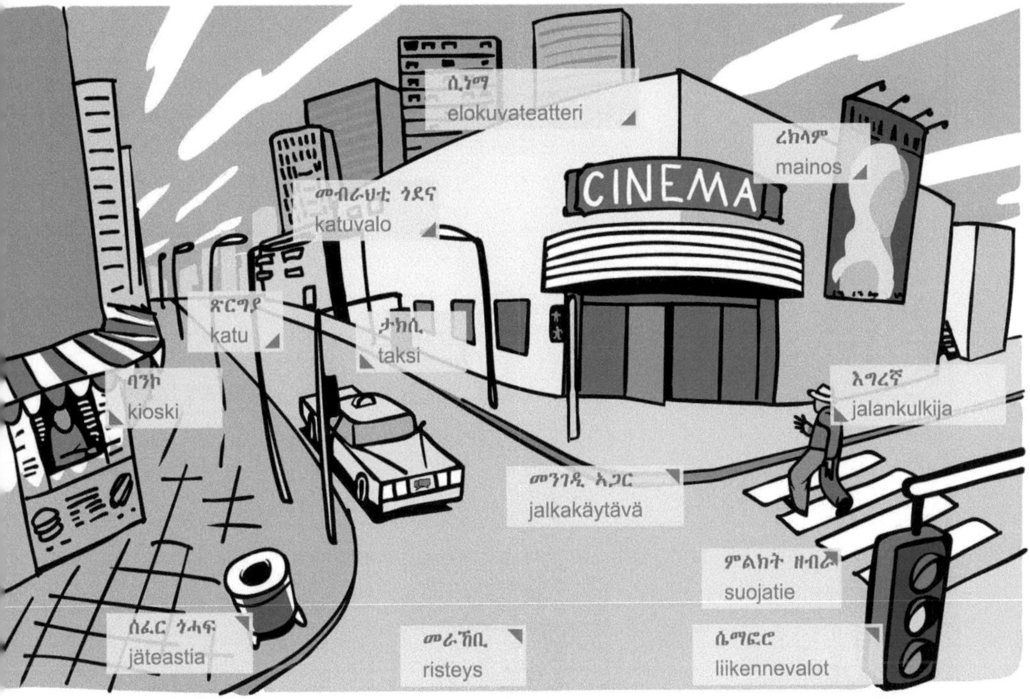

ሲኒማ / elokuvateatteri
ረክላም / mainos
መብራህቲ ጎደና / katuvalo
ድርግያ / katu
ታክሲ / taksi
ባንኮ / kioski
እግረኛ / jalankulkija
መንገዲ እጋር / jalkakäytävä
ምልክት ዘብራ / suojatie
ሰፈር ጎሓፍ / jäteastia
መራኸቢ / risteys
ሴማፍር / liikennevalot

አጉዶ
mökki

አፓርትመንት
kerrostalo

መዕረፊ ባቡር
rautatieasema

ቤት ምምሕዳር
kaupungintalo

ቤት መዘክር
museo

ቤት-ትምህርቲ
koulu

ዩኒቨርሲቲ

yliopisto

ባንክ

pankki

ሆስፒታል

sairaala

መቐበሊ አጋይሽ

hotelli

ቤት መድሃኒት

apteekki

ቤት ጽሕፈት

toimisto

ዱኳን መጽሓፍቲ

kirjakauppa

ዱኳን

liike

ዱኳን ዕንባባ

kukkakauppa

ሱፐርማርከት

supermarketti

ዕዳጋ

tori

ሹቕ

tavaratalo

ነጋዳይ ዓሳ

kalakauppias

ሹቕ

ostoskeskus

መርሳ

satama

መዘናግዒ
....
puisto

ባንኪ
....
penkki

ድልድል
....
silta

መደያይቦ
....
portaat

ባቡር ትሕቲ ምድሪ
....
metro

ቢንቶ
....
tunneli

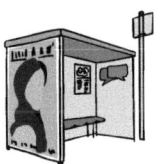

መዕረፊ ኣውቶቡስ
....
linja-autopysäkki

ቤት መስተ
....
baari

ቤት-መግቢ
....
ravintola

ስታሪት
....
postilaatikko

ታቤላ
....
katukyltti

ሰዓት ፓርኪንግ
....
parkkimittari

መካነ እንስሳታት
....
eläintarha

መሓምበሲ
....
uimala

መስጊድ
....
moskeija

ቤት ሕርሻ

maatila

ብከላ

ympäristön saastuminen

መቓበር

hautausmaa

ቤተክርስትያን

kirkko

ቦታ ምጽዋት

leikkikenttä

ቤት መቕደስ

temppeli

ስእሊ መሬት

maisema

አቝጽልቲ
lehti

መሕበሪ መገዲ
tienviitta

መገዲ
tie

ሸኻ
niitty

እምኒ
kivi

ኮብላሊ
retkeilijä

ኣግራብ
puu

ፈለግ
joki

ሳዕሪ
ruoho

ዕንባባ
kukka

ስንጭሮ
laakso

ጎበ
vuori

ቀላይ
järvi

ዱር
metsä

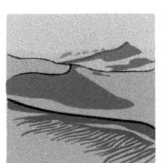

ምድረ በዳ
aavikko

እሳተ-ጎመራ
tulivuori

ግምቢ
linna

ቀስተ-ደመና
sateenkaari

ቃንጥሻ
sieni

ዓርኮብኮባይ
palmu

ጣንጡ
hyttynen

ሃመማ
kärpänen

ጻጻ
muurahainen

ንህቢ
mehiläinen

ሳሬት
hämähäkki

ሕንዚዝ

kovakuoriainen

ዕንቅርዖብ

sammakko

ምጽጹሳይ

orava

ቅንፍዝ

siili

ማንቲለ

jänis

ጉንጓ

pöllö

ጭሩ

lintu

ስዋን

joutsen

መፍለስ

villisika

ዓጋዘን

peura

ሙስ

hirvi

ግድብ

pato

ተርባይን ንፋስ

tuulimylly

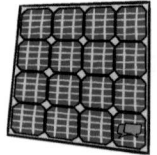

ሶላር ስርሓት

aurinkopaneeli

ኩነታት ኣየር

ilmasto

ቤት-መግቢ

ravintola

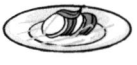

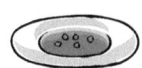

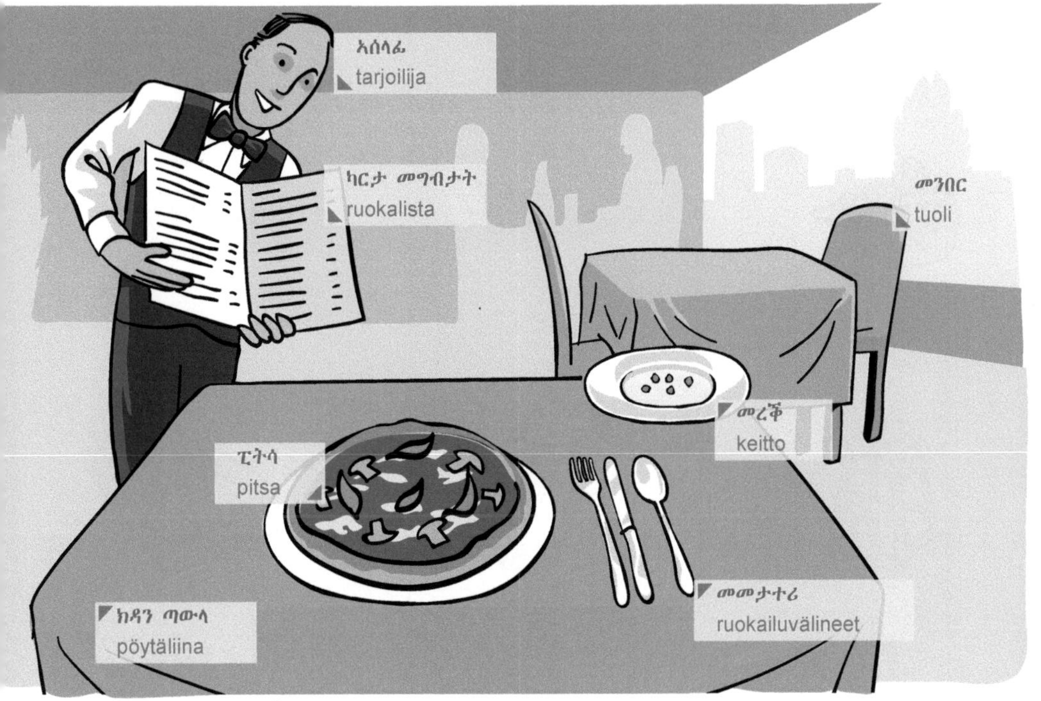

አሰላፊ
tarjoilija
ካርታ መግብታት
ruokalista
መንበር
tuoli
መረቕ
keitto
ፒትሳ
pitsa
ክዳን ጣውላ
pöytäliina
መመታተሪ
ruokailuvälineet

ቅድመ ቀንዲ መግቢ

alkuruoka

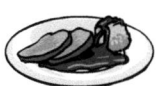

ቀንዲ መኣዲ

pääruoka

ድሕረ መግቢ

jälkiruoka

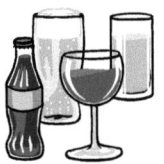

መስተ

juomat

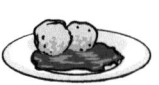

መግቢ

ruoka

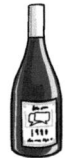

ጥርሙዝ

pullo

ስሉጥ መግቢ.

pikaruoka

መግቢ. ጽርግያ

katuruoka

ብርጭቆ ሻሂ

teekannu

ታኒካ ሽኮር

sokeriastia

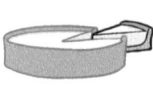

ክፋል

annos

ማሺን ኤስፕረሶ

espressokeitin

ነዊሕ መንበር

syöttötuoli

ጸብጸብ

lasku

ታብለት

tarjotin

ካራ

veitsi

ፉርከታ

haarukka

ማንካ

lusikka

ማንካ ሻሂ

teelusikka

ሰርቭየተ

servietti

ብኬሪ

lasi

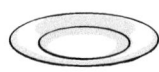

ሸሓኒ
....
lautanen

ሸሓኒ መረቕ
....
syvä lautanen

ትሕቲ ኩባያ
....
aluslautanen

ጸብሒ
....
kastike

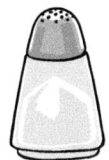

ወሃቢ ጨው
....
suolasirotin

መጥሓን በርበረ
....
pippurimylly

ኣቾቶ
....
etikka

ዘይቲ
....
öljy

ቀመም
....
mausteet

ከቹፕ
....
ketsuppi

ኣድሪ
....
sinappi

ማዮነዝ
....
majoneesi

ሱፐርማርክት

supermarketti

ወፈያ
tarjous
FOR
ዓሚል
asiakas
ፍርያታት ጸባ
maitotuotteet
ፍረታት
hedelmät
ሰረገላ ዱኳን
ostoskärryt

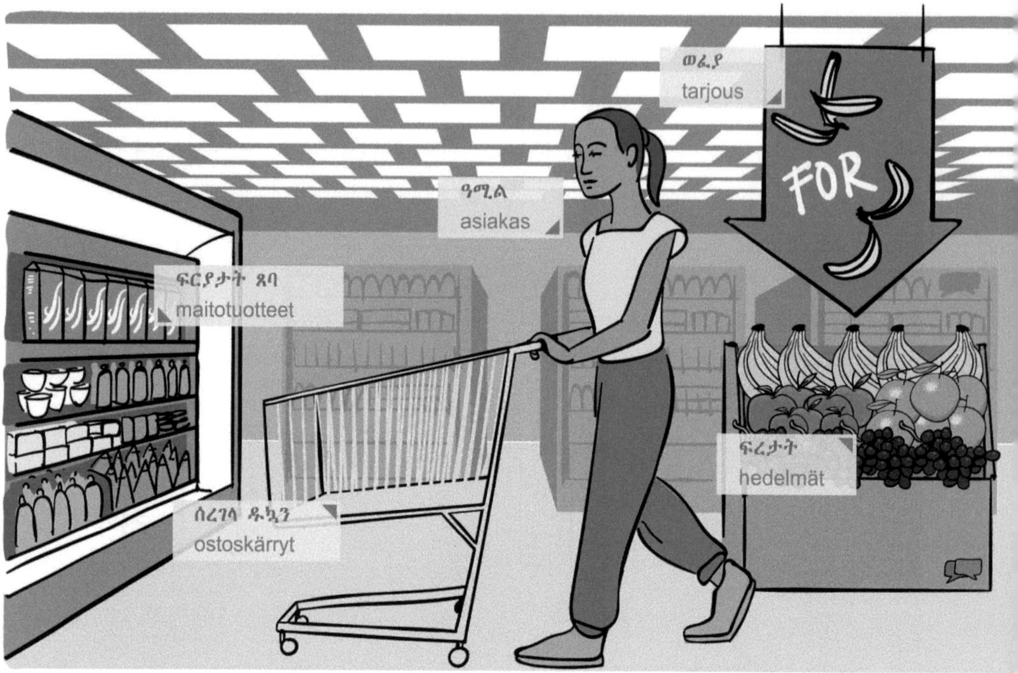

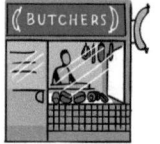

BUTCHERS

እንዳ ስጋ

teurastamo

BAKERY

እንዳ ባኒ

leipomo

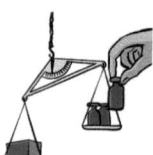

ክብደት

punnita

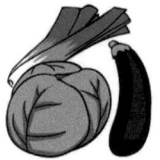

ኣሕምልቲ

kasvikset

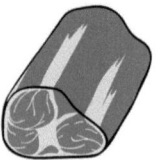

ስጋ

liha

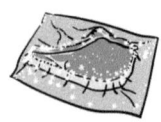

መግቢ ፍሪጅ በረድ

pakasteet

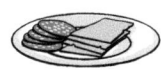

ዝሑል ቅሩብ መግቢ

leikkele

እስቃጥላ

säilykkeet

ኦሞ

pesujauhe

ምቁር መግቢ

makeiset

ዘቤታውያን ኣቑሑ

kotitaloustarvikkeet

ናውቲ መጸረዪ

puhdistusaineet

ሸቃጣይ

myyjä

ካሳ

kassa

ተሓዛ ገንዘብ

kassanhoitaja

ዝርዝር ምግዛእ

ostoslista

ክፉት ሰዓታት

aukioloajat

ማሕፋዳ

lompakko

ክረዲት ካርድ

luottokortti

ሳንጣ

kassi

ፌስታል

muovipussi

ማይ

vesi

ድማቆ

mehu

ጸባ

maito

ኮላ

kokis

ነቢት

viini

ቢራ

olut

አልኮል

alkoholi

ካካው

kaakao

ሻሂ

tee

ቡን

kahvi

ኤስፕረሶ

espresso

ካፑቺኖ

cappuccino

ባናና

banaani

ቱፋሕ

omena

አራንሺ

appelsiini

ብርጭቆ

meloni

ለሚን

sitruuna

ካሮት

porkkana

ጸዕዳ ሽጉርቲ

valkosipuli

ባምቡስ

bambu

ሽጉርቲ

sipuli

ቅንጥሻ

sieni

ፉል

pähkinät

ፓስታ

spagetti

ስፓጌቲ

spagetti

ሩዝ

riisi

ሰላጣ

salaatti

ቅልዋ ድንሽ

ranskalaiset

ቅሉው ድንሽ

paistetut perunat

ፒትሳ

pitsa

ሃምቡርገር

hampurilainen

ፓኒኖ

voileipä

ቢስተካ

leike

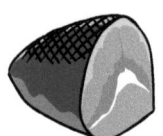

ሰለፍ ሓሰማ

kinkku

ሳላሚ

salami

ግዕዝም

makkara

ደርሆ

kana

ቀለወ

paisti

ዓሳ

kala

መግቢ. - ruoka

ገዓት

kaurahiutaleet

ሙስሊ

mysli

ኮርንፍለይክስ

murot

ሓርጭ

jauho

ክሮሶን

voisarvi

ባኒ

sämpylä

ባኒ

leipä

ቶስት

paahtoleipä

ብሽኮቲ

keksit

ጠስሚ

voi

ርጎኦ

rahka

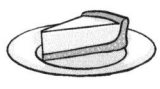

ፓስተ

kakku

እንቋቍሐ

kananmuna

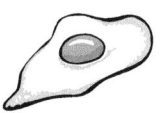

ቅሉው እንቋቍሐ

paistettu kananmuna

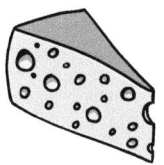

ፉርማጆ

juusto

አይስ ክሪም
....
jäätelö

ሽኮር
....
sokeri

መዓር
....
hunaja

ጄም
....
hillo

ኑጋት-ክሪም
....
suklaapähkinälevite

ኩሪ
....
curry

26   መግቢ. - ruoka

ቤት ሕርሻ

maatila

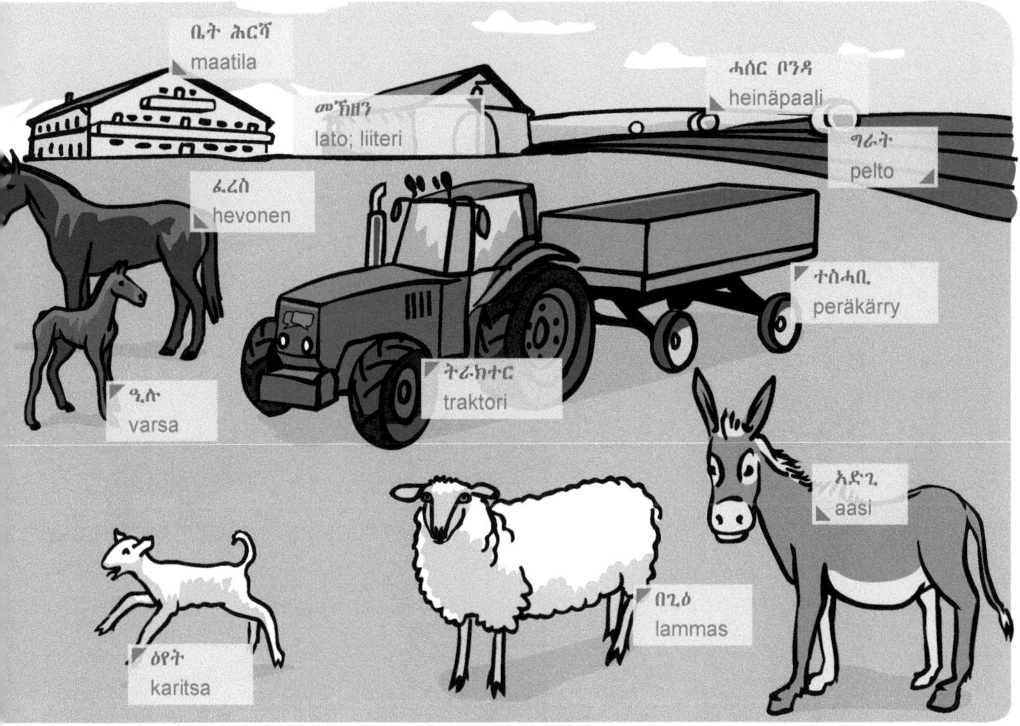

ቤት ሕርሻ
maatila
መኽዘን
lato; liiteri
ሓሰር ቦንዳ
heinäpaali
ግራት
pelto
ፈረስ
hevonen
ተስሓቢ
peräkärry
ዒሉ
varsa
ትራክተር
traktori
ኣድጊ
aasi
በጊዕ
lammas
ዕየት
karitsa

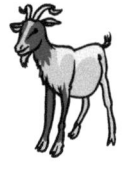

ጤል
....
vuohi

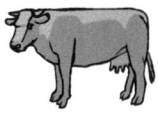

ብዕራይ
....
lehmä

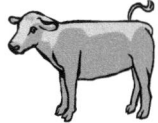

ምራኽ
....
vasikka

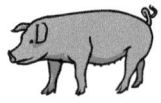

ሓሰማ
....
sika

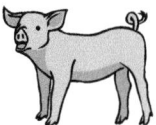

ውላድ ሓሰማ
....
porsas

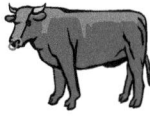

ኣርሓ
....
sonni

ዓዓ

hanhi

ማይ ደርሆ

ankka

ጨቁሊት

tipu

ደርሆ

kana

አርሓ ደርሆ

kukko

አንጨዋ ዓባይ

rotta

ድሙ

kissa

አንጭዋ

hiiri

ብዕራይ

härkä

ከልቢ

koira

ኣጉዶ ከልቢ

koirankoppi

ቱባ ጀርዲን

puutarhaletku

መዝፈፊ ማይ

kastelukannu

ዓቢ ማዕጺድ

viikate

ማሕረሻ

aura

ማዕጺድ

sirppi

ጕኾሮ

kuokka

መስአ

talikko

ፋስ

kirves

ዓረብያ ኢድ

kottikärryt

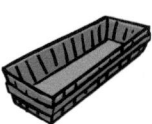

ጋብላ

kaukalo

ብርጭቆ ጸባ

maitokannu

ክሻ

säkki

ሓጹር

aita

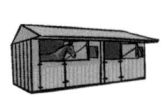

መንሰስ

talli

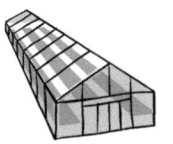

ቆጠልያ ገዛ

kasvihuone

ባይታ

maa

ዘርኢ

siemen

ድኹዒ

lannoite

ዘጣምር ቀውዓይ

leikkuupuimuri

ቀውዐ

kerätä sato

ጸማ

sato

ድንሽ ያም

jamssit

ስርናይ

vehnä

ሶያ

soija

ድንሽ

peruna

ዐፉን

maissi

ራፕስ

rypsi

ገረብ ፍረታት

hedelmäpuu

ማኒኦክ

maniokki

አእኻል

vilja

ቤት ሕርሻ - maatila

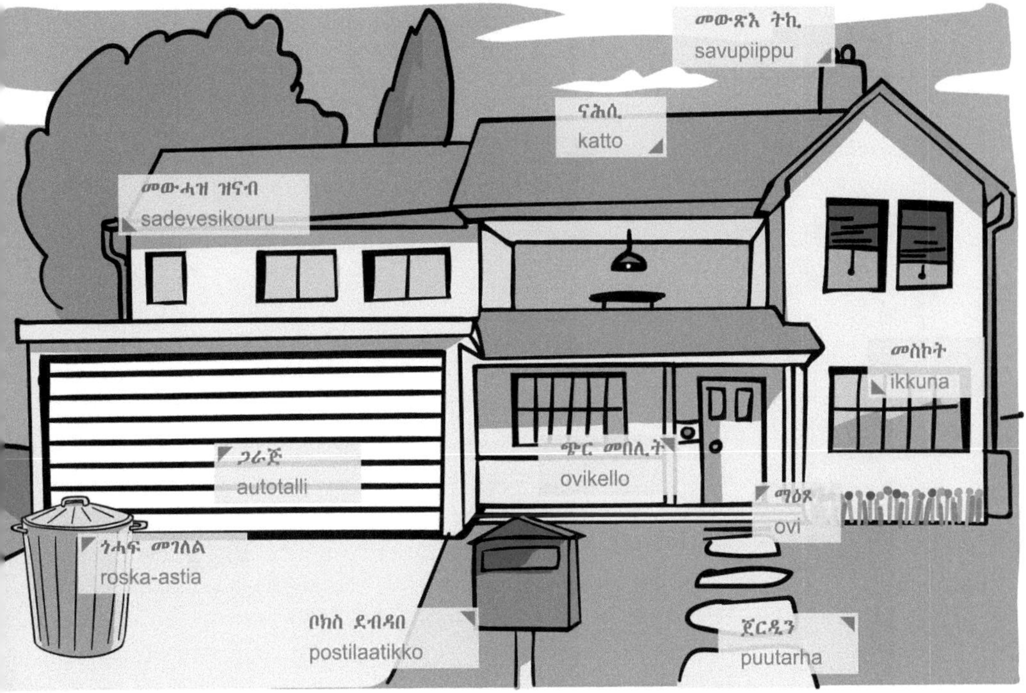

መውጽእ ትኪ
savupiippu

ናሕሲ
katto

መውሓዝ ዝናብ
sadevesikouru

መስኮት
ikkuna

ጋራጅ
autotalli

ጥር መበሊ.ት
ovikello

ማዕጾ
ovi

ጎሓፍ መገለል
roska-astia

ቦክስ ደብዳበ
postilaatikko

ጀርዲን
puutarha

ክፍሊ. ምቕማጥ
olohuone

ክፍሊ. ባንዮ
kylpyhuone

ክሽነ
keittiö

ክፍሊ. መደቀሲ.
makuuhuone

ክፍሊ. ቆልዑ
lastenhuone

መመገቢ. ክፍሊ.
ruokahuone

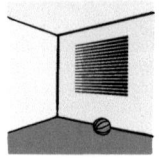

ባይታ

lattia

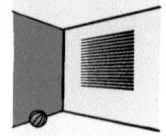

መንደቅ

seinä

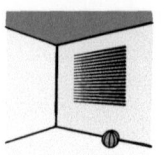

ከቦርታ

katto

ካንቲና

kellari

ሳውና

sauna

ባልኮን

parveke

ዛላ

terassi

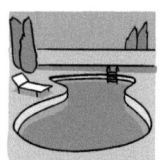

መሕምበሲ

uima-allas

መቑረጺ ሳዕሪ

ruohonleikkuri

አንሶላ ዓራት

lakana

ከቦርታ ዓራት

päiväpeitto

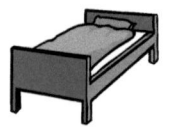

ዓራት

sänky

መኹስተር

harja

መገለል

ämpäri

መወልዒት

katkaisin

ክፍሊ ምቕማጥ

olohuone

ወረቐት መንደቕ
tapetti
ስእሊ
kuva
ላምፓ
lamppu
ከብሒ
hylly
ከብሒ
kaappi
ተለቪዥን
televisio
መውጽኢ ትኪ ኣብ ገዛ
takka
ዕንባባ
kukka
መተርኣስ
tyyny
ሳሎን
sohva
ባዞ
maljakko
ሪሞት
kaukosäädin

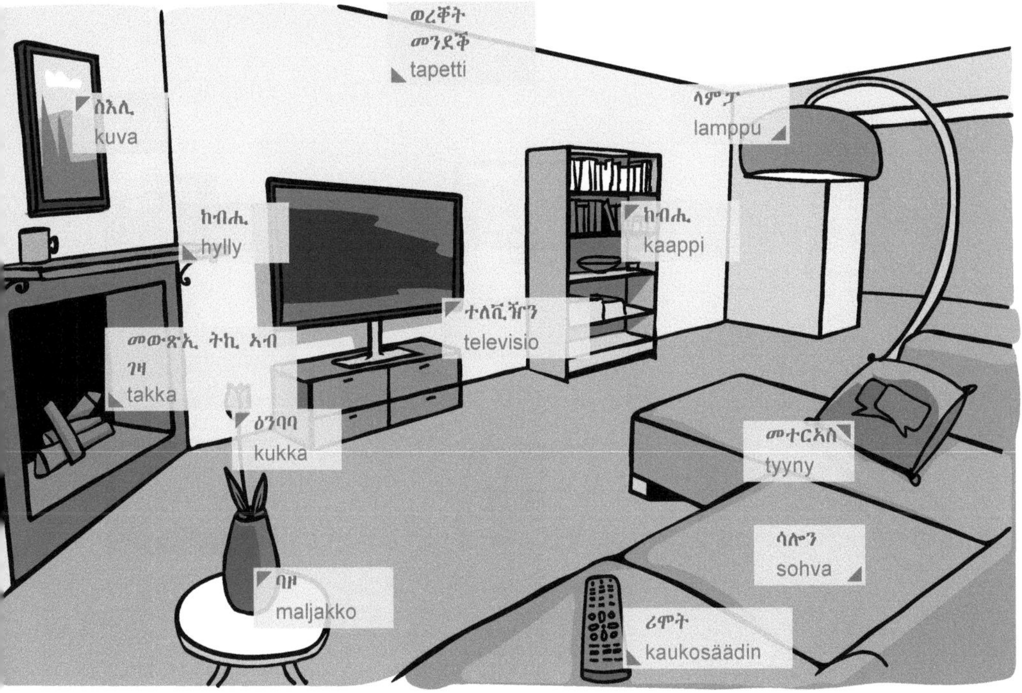

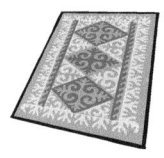

መንጸፍ

....

matto

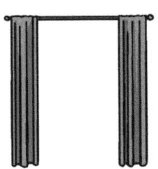

መጋረጃ

....

verho

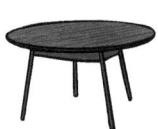

ጣውላ

....

pöytä

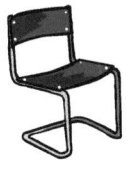

መንበር

....

tuoli

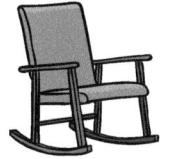

ሰለል ዝብል መንበር

....

keinutuoli

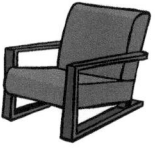

መንበር ምቹእ

....

nojatuoli

መጽሐፍ

kirja

ከቦርታ

peitto

ስልማት

koriste

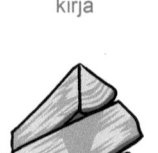

እንጨይቲ ሓዊ

polttopuut

ፊልም

elokuva

ስተረዮ

stereot

መፍትሕ

avain

ጋዜጣ

sanomalehti

ቅብአ

maalaus

ፖስተር

juliste

ሬድዮ

radio

ጥራዝ

muistivihko

መልገሲ ደርና

pölynimuri

በለስ

kaktus

ሻምዓ

kynttilä

ክሽነ
keittiö

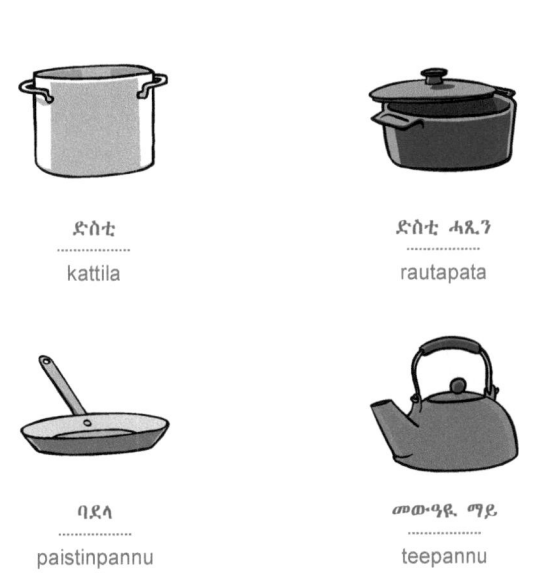

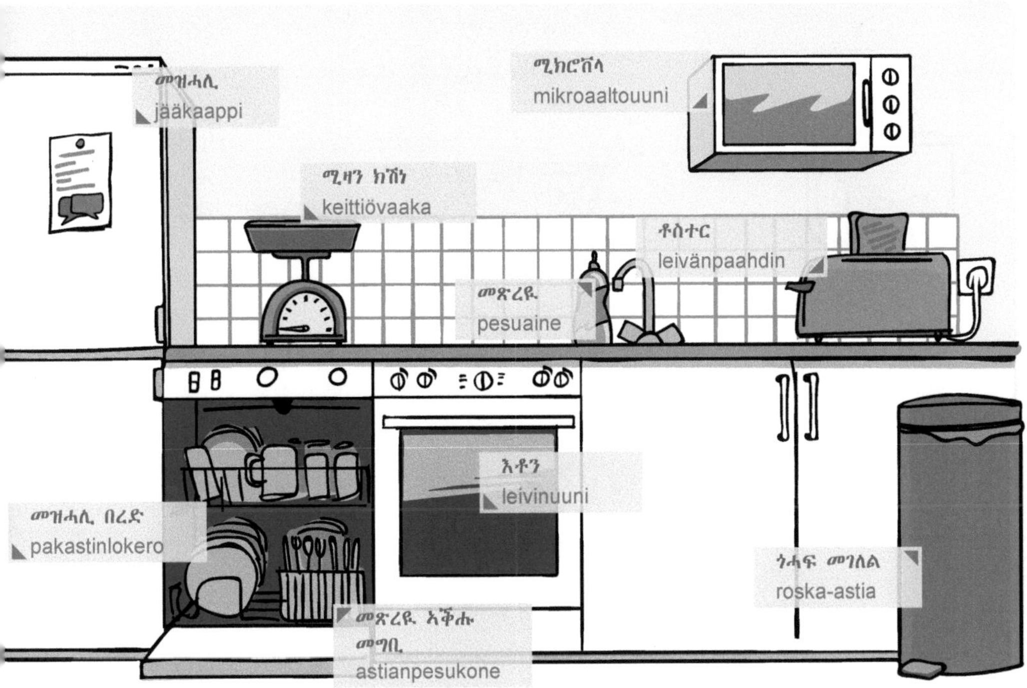

መዝሓሊ
jääkaappi
ሚክሮቨላ
mikroaaltouuni
ሚዛን ክሽነ
keittiövaaka
ቶስተር
leivänpaahdin
መጽረዪ
pesuaine
እቶን
leivinuuni
መዝሓሊ በረድ
pakastinlokero
ጎሓፍ መገለል
roska-astia
መጽረዪ ኣቕሑ መግቢ
astianpesukone

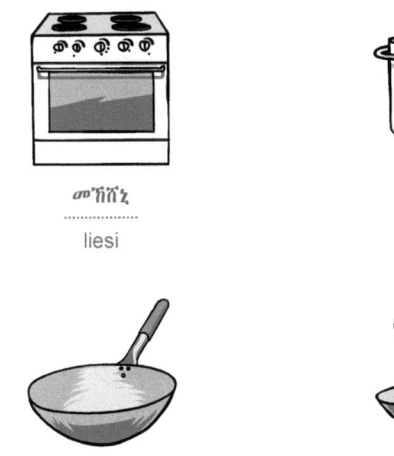

መኸሸኒ

liesi

ድስቲ

kattila

ድስቲ ሓጺን

rautapata

ቮክ/ካዳይ

vokkipannu / kadai-pannu

ባደላ

paistinpannu

መውዓዪ ማይ

teepannu

መፍልሒ

höyrykeitin

ጎንቴራ ምስንካት

uunipelti

ኣቓሑ መግቢ

astiat

ብርጭቆ

muki

ጭሓሎ

kulho

ማንካቔና

syömäpuikot

ማንካ መረቕ

kauha

መገልበጢ ባደላ

paistinlasta

መኹስተር ውርጪ

vispilä

መንፊት መግቢ

siivilä

መንፊት

siivilä

መፍሕፍሒ

raastin

ሞርታር

mortteli

ባርቢክዩ

grilli

ስፍራ ሓዊ

avotuli

እንጨይቲ ምምታር

leikkuulauta

እንጨይቲ ኩረር

kaulin

መኽፈት ቡሽ

korkinavaaja

ታኒካ

purkki

መኽፈቲ ታኒካ

purkinavaaja

ጨርቂ ድስቲ

pannulappu

ቡምባ

lavuaari

አስባስላ

tiskiharja

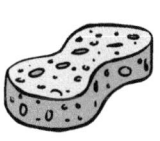

ሰፍነግ

pesusieni

ሓዋሲ አደባላቒ

tehosekoitin

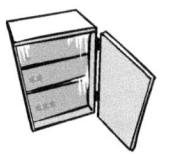

መዝሓሊ በረድ

pakastin

ጥርሙዝ ማማይ

tuttipullo

ቡምባ ማይ

vesihana

ክፍሊ ባንዮ
kylpyhuone

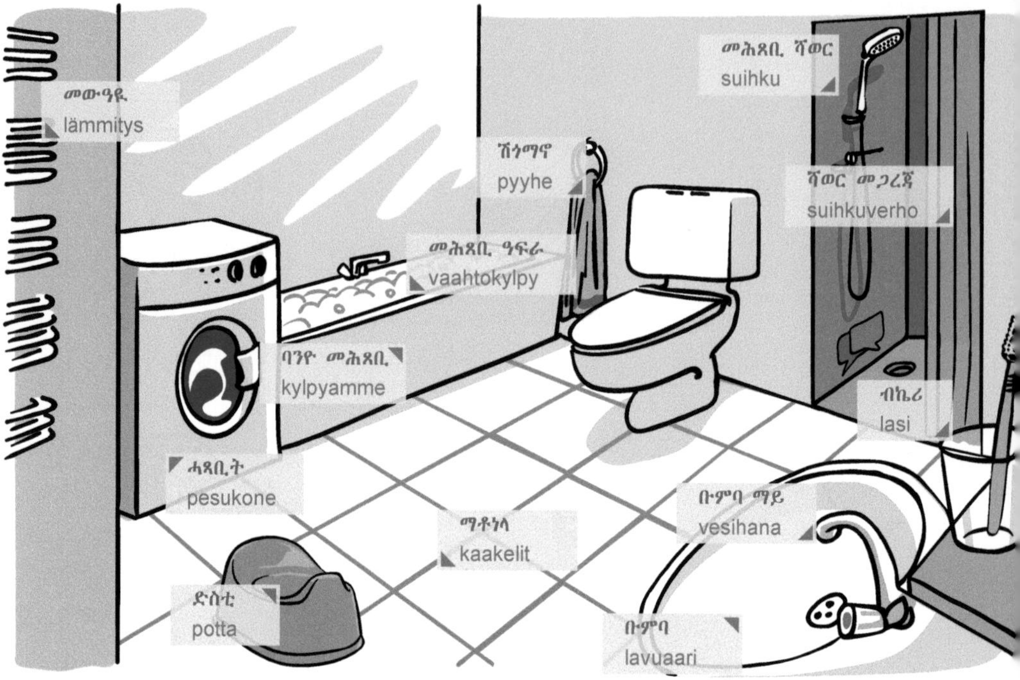

መውዓዪ
lämmitys
ሽጎማኖ
pyyhe
መሕጸቢ ሻወር
suihku
ሻወር መጋረጃ
suihkuverho
መሕጸቢ ዓፍራ
vaahtokylpy
ባንዮ መሕጸቢ
kylpyamme
ብኬሪ
lasi
ሓጻቢት
pesukone
ቡምባ ማይ
vesihana
ማቶነላ
kaakelit
ድስቲ
potta
ቡምባ
lavuaari

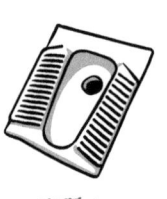

ሽቓቕ

vessa

ሽቓቕ ኮፍ

kyykkyvessa

በዱ

bidee

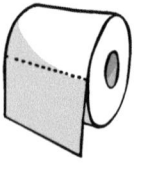

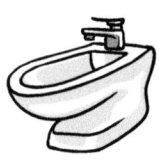

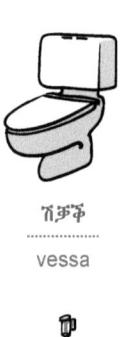

ሽቃቕ ተባዕታይ

pisuaari

ወረቐት ሽቓቕ

vessapaperi

ኣስባስላ ሽቓቕ

vessaharja

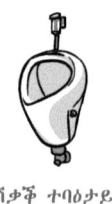

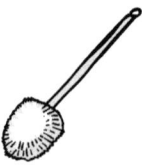

አስባስላ ስኒ

hammasharja

ክሬማ ስኒ

hammastahna

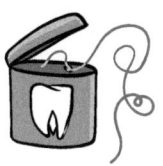

ሃዮ ስኒ

hammaslanka

ሓጸብ

pestä

ዱሽ ኢ.ድ

käsisuihku

ዱሽ

intiimisuihku

ብርጭቆ ም'ሕጸብ

pesuvati

አስባስላ ሕቖ

selkäharja

ሳምና

saippua

ሻወር ጀል

suihkugeeli

ሻምፑ

shampoo

ጨርቂ መሕጸቢ

pesulappu

መዉ·ሓዚ

viemäri

ክሬማ

voide

ደዮ ጨና

deodorantti

መስትያት

peili

ናይ ኢድ መስትያት

käsipeili

መላጸ

partaveitsi

ዓፍራ ምልጸይ

partavaahto

ጨና ድሕሪ ምልጸይ

partavesi

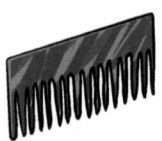

መመሽጥ

kampa

አስባስላ

harja

መንቆዲ ጸጉሪ

hiustenkuivaaja

ስፕረይ ጸጉሪ

hiuslakka

መመላኽዒ

meikki

ብርዒ ቀለም ከንፈር

huulipuna

አዝማልቶ

kynsilakka

ጸምሪ ጡጥ

pumpuli

መስደዲ ጽፍሪ

kynsisakset

ጨና

hajuvesi

ሳንጣ መሕጸቢ.

kosmetiikkalaukku

ድኳ

jakkara

ሚዛን

vaaka

ክዳን መሕጸቢ.

kylpytakki

ጓንቲ መጸረዪ.

kumihansikkaat

ታምፖን

tamponi

ጨርቂ ሰበይቲ

terveysside

ሽቓቕ ከሚስትሪ

kemiallinen wc

ክፍሊ ቆልዑ

lastenhuone

ኣላርም መተስኢ
herätyskello
መጻወቲ እንስሳ
pehmolelu
መጻወቲ መኪና
leikkiauto
ቤት ባምቡላ
nukkekoti
ህያብ
lahja
ኳሕኳሕ
መበሊ
helistin

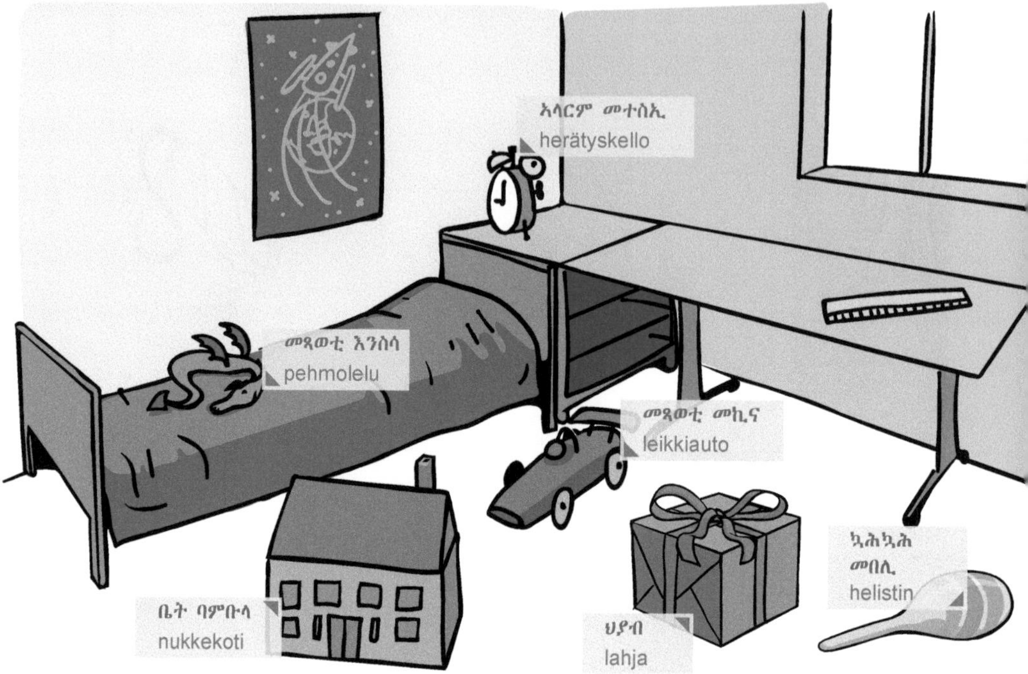

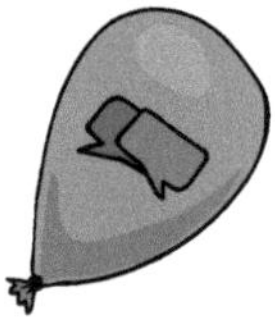

ባላንችና

ilmapallo

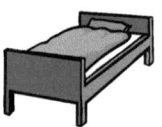

ዓራት

sänky

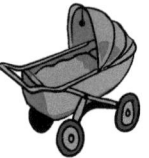

ሰረገላ ህጻን

lastenvaunut

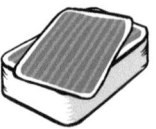

ጸወታ ካርታ

korttipeli

ሕንቅሊተይ

palapeli

SUPER
MEGA

ኮሜዲ

sarjakuva

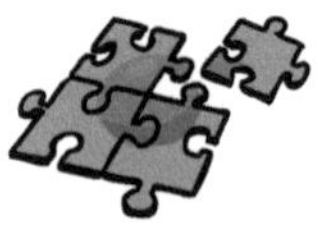

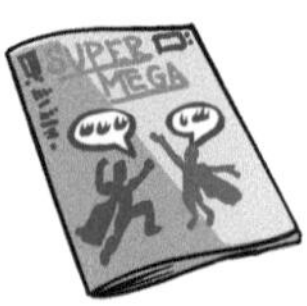

እምንታት መጻወቲ ለጎ

legopalikat

መጻወቲ እምንታት

rakennuspalikat

በዓል አክቸን

supersankari

ክዳን ማማይ

potkupuku

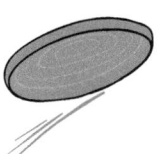

ፍሪስቢ

frisbee

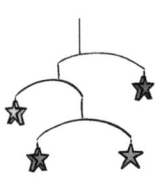

ሞባይል ማማይ

mobile

ጸወታ ሰሌዳ

lautapeli

ኩቦ

noppa

ሞደል ባቡር ምድሪ

pienoisjunarata

ዓባስ

tutti

ፓርቲ

juhlat

መጽሓፍ ስእሊ

kuvakirja

ኩዕሶ

pallo

ባምቡላ

nukke

ተጻወተ

leikkiä

መጻወቲ ሑጻ

hiekkalaatikko

ሰላል

keinu

መጻወቲታት

lelut

ኮንሶል ቪድዮ

pelikonsoli

መጻወቲ ሰለስተ መንኮርኮር

kolmipyörä

ተዲ

nalle

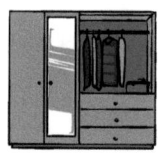

ከብሒ ክዳን

vaatekaappi

ክዳን

vaatteet

ካልስታት

sukat

ነዊሕ ካልስታት

nylonsukat

ስረ ካልሲ

sukkahousut

ሻርባ
kaulaliina

ጽላል
sateenvarjo

ቁልፊ
vyö

ማልያ
t-paita

ስኒከርስ
lenkkarit

ረፋዕ
saappaat

ጫማ ገዝ
sisätossut

ሻበጥ
....
sandaalit

ጫማ
....
kengät

ረፋዕ ጎማ
....
kumisaappaat

ሙታንታ
....
alushousut

ክዳን ጡብ
....
rintaliivit

ትሕተ ካሚቻ
....
aluspaita

ቦዲ

body

ስረ

housut

ጂንስ

farkut

ቀምሽ

hame

ካምቻ

pusero

ካሚቻ

paita

ጉልፎ

villapaita

ጎልፎ

collegepaita

ጃኬት

jakku

ጃከት

takki

ጁባ

takki

ክዳን ዝናብ

sadetakki

ኮስቱም

puku

ቀምሽ

mekko

ቀምሽ መርዓ

hääpuku

ልብሲ.

puku

ካሚቻ ለይቲ

yöpaita

ክዳን ለይቲ

pyjama

ሳሪ

shari

መሃረብ ርእሲ.

päähuivi

ቱርባን

turbaani

ቡርካ

burka

ካፍታን

kaftaani

አባያ

abaya

ክዳን መሕበሲ.

uimapuku

ስረ መሕበሲ.

uimahousut

ሓጺር ስረ

shortsit

ክዳን ታዕሊም

verkkarit

በጃ ክዳን

esiliina

ጓንቲ

käsineet

መልጎም

nappi

መነጽር

silmälasit

በንናጅር

rannekoru

ማዕተብ

kaulakoru

ቀለበት

sormus

ኩትሻ

korvakoru

ቆብዕ

lippalakki

መንበሪ ጁባ

ripustin

ባርኔጣ

hattu

ካርራቫት

solmio

ሻርኔጣ

vetoketju

ሀልመት

kypärä

መድልደል ስረ

henkselit

ድቢዛ ቤትትምህርቲ

koulupuku

ድቢዛ

univormu

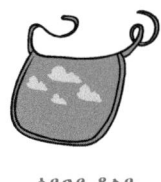

ሰደርያ ቆልዓ

....

ruokalappu

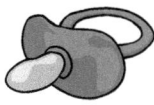

ዓባስ

....

tutti

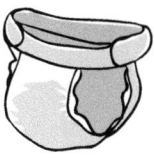

ጨርቂ ማማይ

....

vaippa

ቤት ጽሕፈት

toimisto

ሰርቨር
palvelin
ክብሒ ሰነድ
asiakirjakaappi
ፕሪንተር
tulostin
ወረቐት
paperi
ሞኒቶር
näyttö
ኣንጭዋ
hiiri
ጣውላ ምጽሓፍ
kirjoituspöytä
ሓቓፊ
kansio
ኪቦርድ
näppäimistö
ጐሓፍ ወረቐት
roskakori
ኮምፒተር
tietokone
መንበር
tuoli

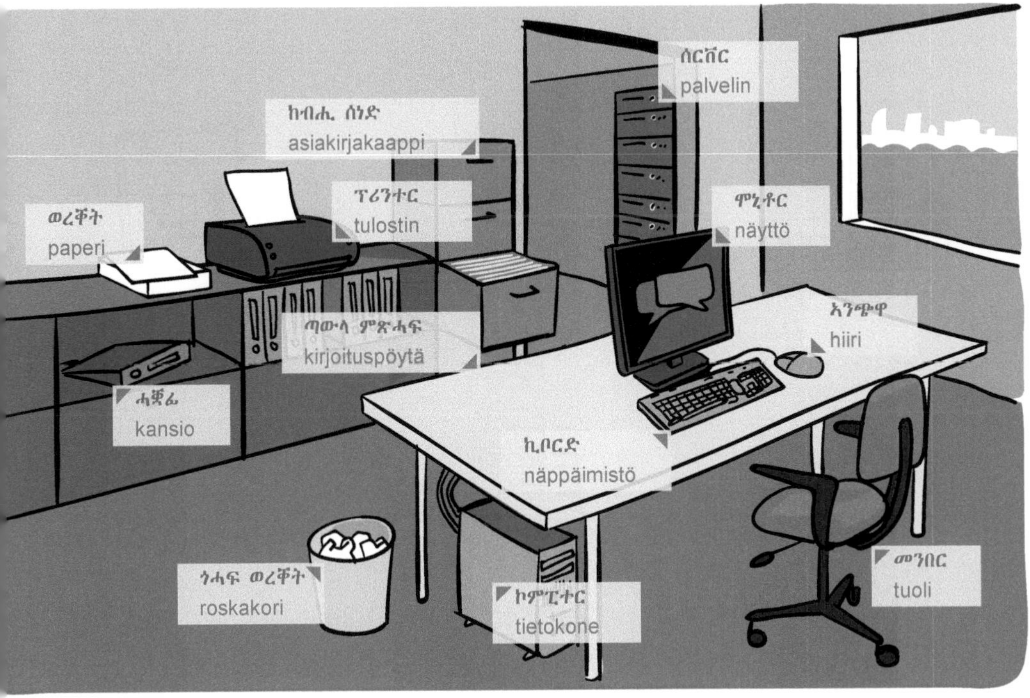

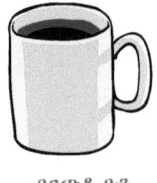

ብርጭቆ ቡን

....

kahvimuki

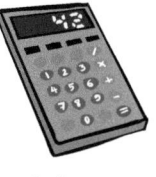

ካልኩለተር

....

taskulaskin

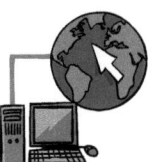

ኢንተርነት

....

internet

ለፒቶፕ

kannettava tietokone

ደብዳበ

kirje

መልእኽቲ

viesti

ሞባይል

kännykkä

ነትወርክ/መርበብ

verkko

መቅድሒ ፎቶኮፒ

kopiokone

ሶፍትዌር

ohjelmisto

ተለፎን

puhelin

ሶከት ኳረንቲ

pistorasia

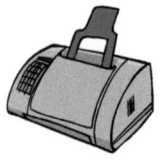

ፋክስ

faksi

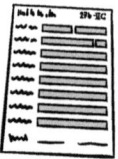

ፎርም

lomake

ሰነድ

asiakirja

ገዝአ

ostaa

ከፈለ

maksaa

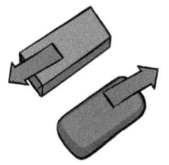

ንግዲ

vaihtaa

ገንዘብ

raha

USD

ዶላC

dollari

EUR

አይC

euro

JPY

የን

jeni

RUB

ሩብል

rupla

CHF

ስዊዝ ፍራንክን

frangi

CNY

ረንሚንቢ ዩዋን

renminbi juan

INR

ሩፒየ

rupia

መውጽኢ ማሺን ገንዘብ

pankkiautomaatti

በታ ቅያር ገንዘብ

rahanvaihto

ወርቂ

kulta

ብሩር

hopea

ዘይቲ

öljy

ሓይሊ

energia

ዋጋ

hinta

ውዕል

sopimus

ቀረጽ

vero

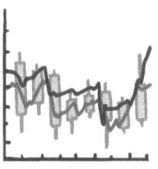

እኩብ ጥሪ-ነገራት

osake

ሰርሐ

työskennellä

ሰራሕተኛ

työntekijä

አስራሒ

työnantaja

ትካል

tehdas

ዱኳን

liike

በዓል ፖሊስ
poliisi

መጠፊኢ ሓዊ
palomies

ከሽኒ
kokki

ሓኪም
lääkäri

መራሒ ነፋሪት
lentäjä

ሰራሕትኛ ጆርዲን
puutarhuri

ጸራቢ ዕንጸይቲ
puuseppä

ሰፋይት
ompelija

ፈራዳይ
tuomari

ቀማሚ
kemisti

ተዋሳኢ
näyttelijä

መራሒ አዉቶቡስ

linja-autonkuljettaja

አዉቲስታ ታክሲ.

taksinkuljettaja

ገፋሪ ዓሳ

kalastaja

ጸራጊት

siivooja

ሃናጻይ ናሕሲ.

katontekijä

አሰላፊ

tarjoilija

ሃዳናይ

metsästäjä

ሰአላይ

maalari

እንዳ ሕብስቲ

leipuri

ኤለትሪከኛ

sähköasentaja

ሃናጺ አባይቲ

rakentaja

ሃንዳሲ.

insinööri

ሰራሕተኛ እንዳ ስጋ

teurastaja

ድራብሊኮ

putkiasentaja

አማላሳሊ ፖስጣ

postinjakaja

ወተሃደር

sotilas

መሃንድስ

arkkitehti

ተሓዝ ገንዘብ

kassanhoitaja

ሰራሕተኛ ዕምባባ

floristi

ቀምቃማይ

kampaaja

ፈተሪሞ

konduktööri

መካኒክ

mekaanikko

መራሒ መርከብ

kapteeni

ሓኪም ስኒ

hammaslääkäri

ተመራማሪ

tiedemies

ራቢ

rabbi

ኢማም

imaami

ፈላሲ

munkki

ቀሺ

pappi

ናውቲ

työkalut

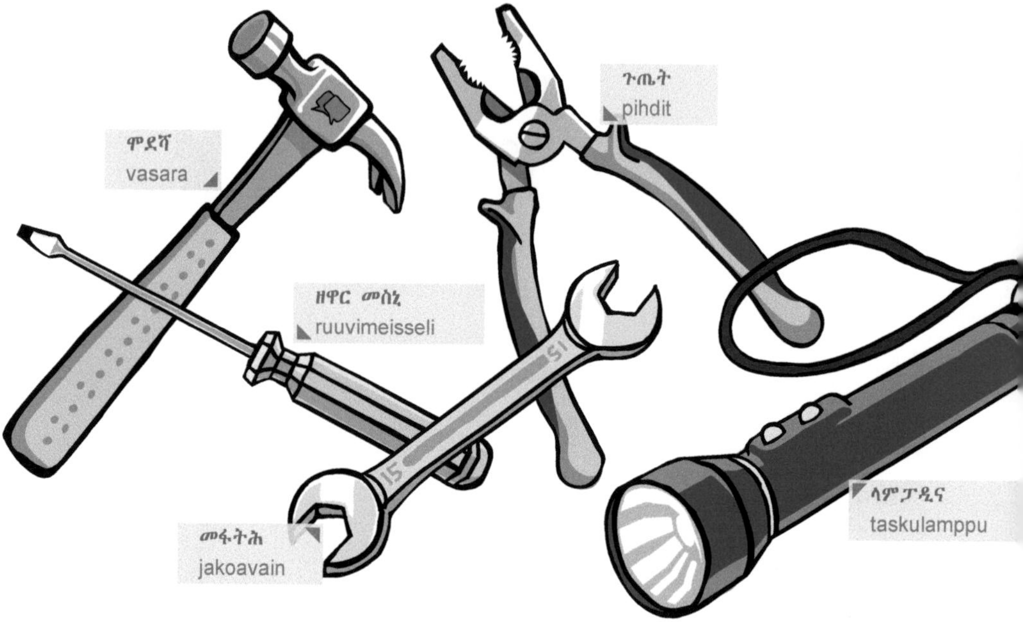
ሞደሻ
vasara
ጉጠት
pihdit
ዘዋር መስኒ
ruuvimeisseli
መፋትሕ
jakoavain
ላምፓዲና
taskulamppu

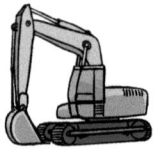

ፈሓሪ

kaivinkone

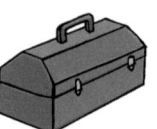

ናውቲ ቦክስ

työkalupakki

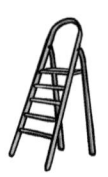

መደያይቦ

tikkaat

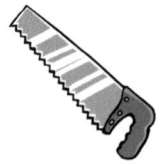

መጋዝ

saha

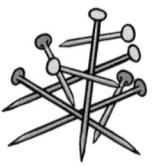

መስማር

naulat

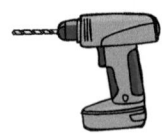

ኩዓቲ

pora

ምዕራይ
....
korjata

ባደላ
....
lapio

አይ!
....
Hitto!

መትሓዚ ዶሮና
....
rikkalapio

ድስቲ ቀለም
....
maalipurkki

ካቻቢተ
....
ruuvit

መሳርሒ ሙዚቃ

soittimet

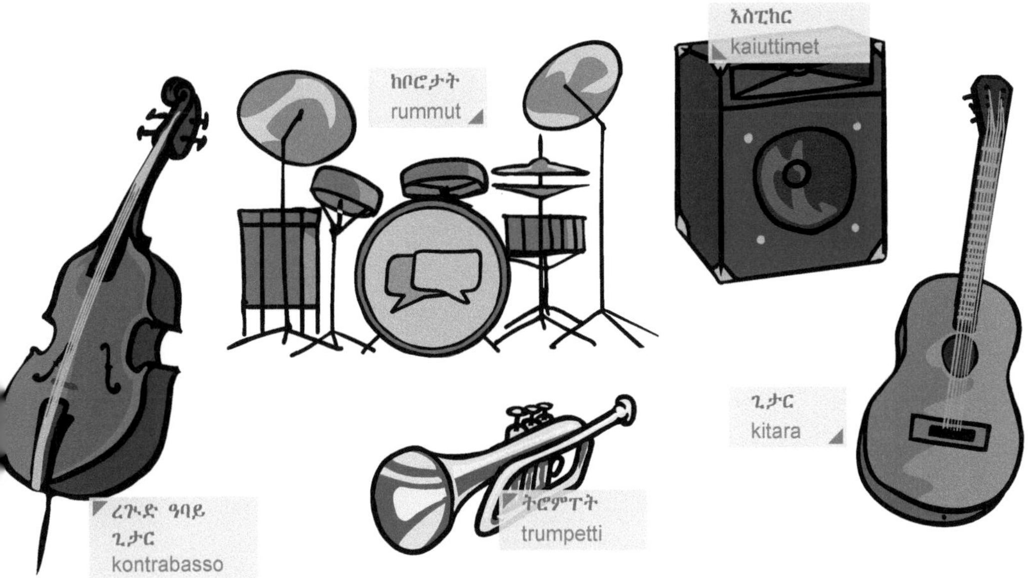

ከበሮታት
rummut

እስፒከር
kaiuttimet

ጊታር
kitara

ረጉድ ዓባይ
ጊታር
kontrabasso

ትሮምፐት
trumpetti

ፒያኖ

piano

ቪዮሊን

viulu

ባስ ጊታር

basso

ቲምንኢ

patarummut

ከቦሮ

rumpu

ኦርጋን

kosketinsoitin

ሳክሶፎን

saksofoni

ሻምብቆ

huilu

ሚክሮፎን

mikrofoni

መካነ እንስሳታት

eläintarha

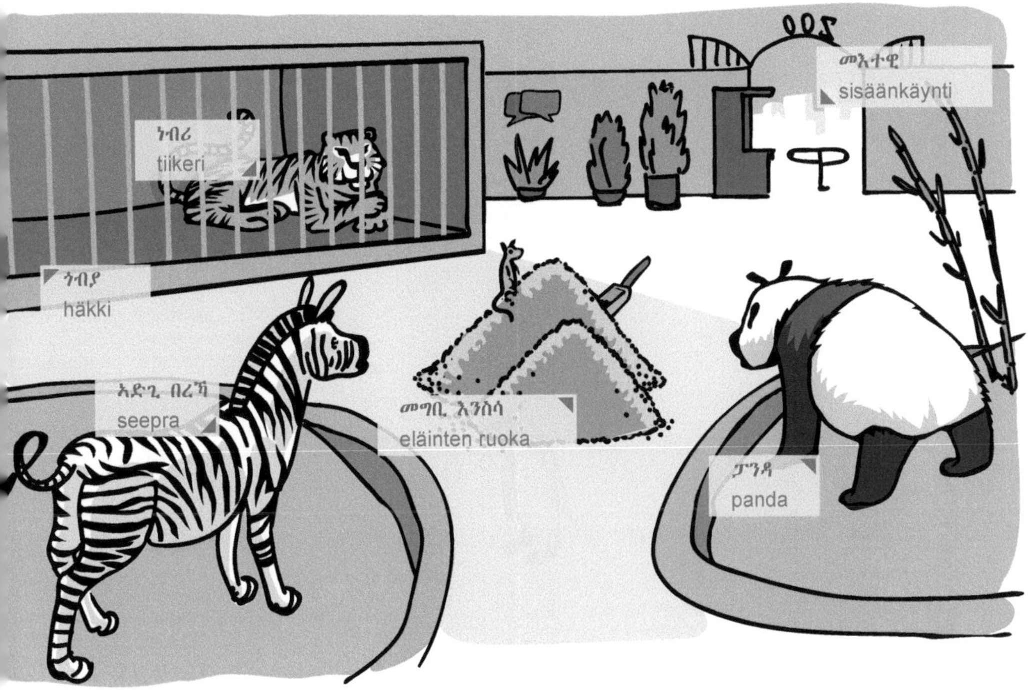

ነብሪ
tiikeri
መእተዊ
sisäänkäynti
ጎብያ
häkki
ኣድጊ በረኻ
seepra
መግቢ እንስሳ
eläinten ruoka
ፓንዳ
panda

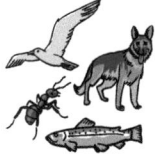

እንስሳታት
....
eläimet

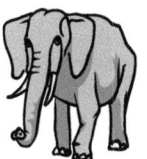

ሓርማዝ
....
norsu

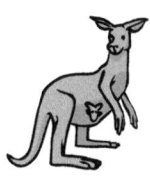

ካንጋሩ
....
kenguru

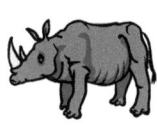

ሓሪሽ
....
sarvikuono

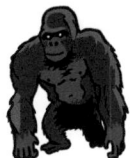

ጉሪላ
....
gorilla

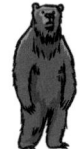

ድቢ
....
karhu

ገመል
....
kameli

ሰገን
....
strutsi

አንበሳ
....
leijona

ህበይ
....
apina

ፍላሚንጎ
....
flamingo

ሕንጻይ
....
papukaija

ድቢ በረድ
....
jääkarhu

ፐንጉን
....
pingviini

ክልቢ ዓሳ
....
hai

ጣውስ
....
riikinkukko

ተመን
....
käärme

ሓርገጽ
....
krokotiili

ሓላዊ ቤት ገርድሽ
....
eläintarhanhoitaja

ዓሳ ዚምገብ እንስሳ ባሕሪ
....
hylje

ጃጉር
....
jaguaari

ሓጺር ፈረስ
poni

ነብሪ
leopardi

ጉማረ
virtahepo

ጂራፍ
kirahvi

ሊላ
kotka

መፍለስ
villisika

ዓሳ
kala

ጎብየ
kilpikonna

ዋልሩስ
mursu

ወኻርያ
kettu

ሰስሓ
gaselli

መካነ እንስሳታት - eläintarha

ናይ ኣሜሪካ ኩዑሶ እግሪ
amerikkalainen jalkapallo

ም'ዝዋር ብሽግለታ
pyöräily

ተኒስ
tennis

ባስከትባል
koripallo

ም'ሕምባስ
uinti

ቦክሲንግ
nyrkkeily

ሆኪ በረድ
jääkiekko

ኩዑሶ እግሪ
....
jalkapallo

ባድሚንተን
....
sulkapallo

እስፖርታዊ ንጥፈታት
....
yleisurheilu

ኩዑሶ ኢ.ድ
....
käsipallo

ስኪ
....
hiihto

ፖሎ
....
poolo

ሰሓቓ
nauraa

ነጠረ
hypätä

ሓቀፈ
halata

ከደ
kävellä

ደረፈ
laulaa

ሓለመ
unelmoida

ጸለየ
rukoilla

ሰዓመ
suudella

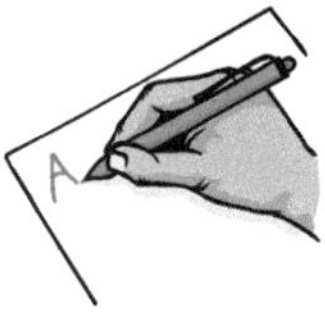

ጸሓፈ

kirjoittaa

ስኣለ

piirtää

አርአየ

näyttää

ደፍአ

painaa

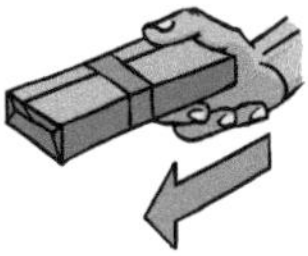

ሃበ

antaa

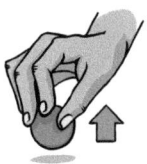

ወሰደ

ottaa

አለወ
omistaa

ገበረ
tehdä

ኮነ
olla

ጠጠው በለ
seisoa

ጎየየ
juosta

ሰሓበ
vetää

ሰንደወ
heittää

ወደቐ
kaatua

ሓሰወ
maata

ተጸበየ
odottaa

ሰከም
kantaa

ኮፍ በለ
istua

ተኸድነ
pukeutua

ደቀሰ
nukkua

ተስአ
herätä

ንጥፈታት - aktiviteetit

ረኣየ

katsoa

በኸየ

itkeä

ብኣጻብዑ ደረዘ

silittää

መሽጠ

kammata

ተዛረበ

puhua

ተረድአ

ymmärtää

ሓተተ

kysyä

ሰምዐ

kuunnella

ሰተየ

juoda

በልዐ

syödä

ኣጽመጠ

siivota

ኣፍቀረ

rakastaa

ከሸነ

keittää

ዘወረ

ajaa

ነፈረ

lentää

ንጥፈታት - aktiviteetit

ብመርከብ ገየሽ

purjehtia

ደመረ

laskea

አንበበ

lukea

ተመሃረ

oppia

ሰርሐ

työskennellä

መርዓወ

mennä naimisiin

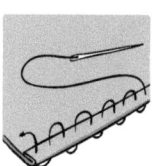

ሰፈየ

ommella

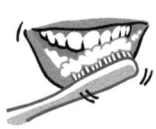

ጽሬት አስናን

pestä hampaat

ቀተለ

tappaa

ሽጋራ ተከሸ

tupakoida

ሰደደ

lähettää

ዓባየ
mummo

አቦሓጎ
ukki

አቦ
isä

ኣደ
äiti

ማማይ
vauva

ጓል
tytär

ወዲ
poika

ጋሻ

vieras

ሓትኖ

täti

አኮ

setä

ሓው

veli

ሓፍቲ

sisko

ኣካላት

vartalo

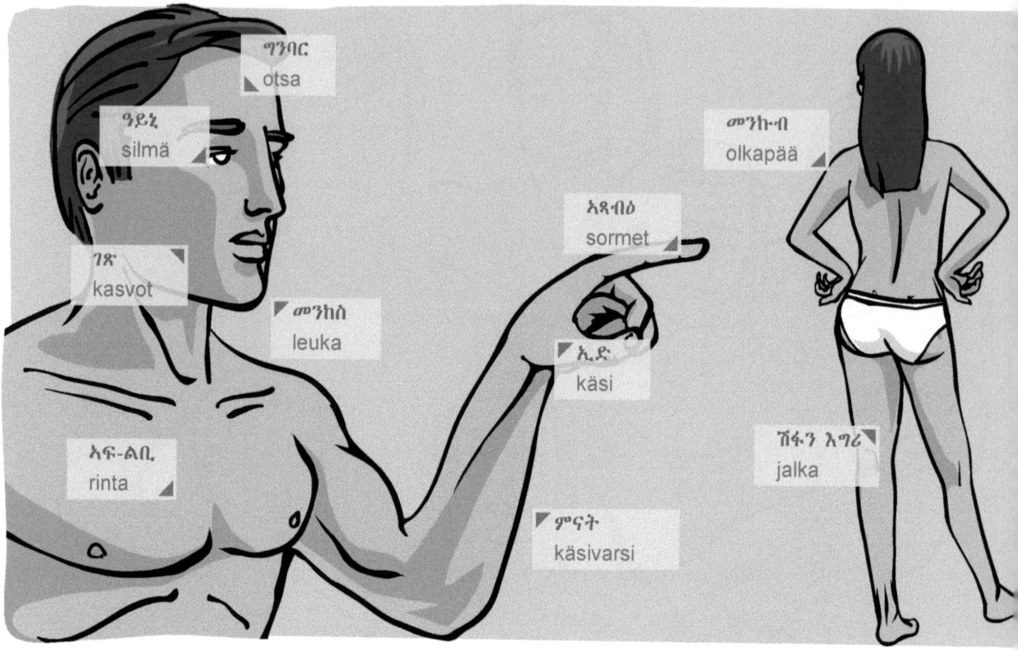

ግንባር
otsa
ዓይኒ
silmä
መንኩብ
olkapää
ኣጻብዕ
sormet
ገጽ
kasvot
መንከስ
leuka
ኢድ
käsi
ኣፍ-ልቢ
rinta
ሽፋን እግሪ
jalka
ምናት
käsivarsi

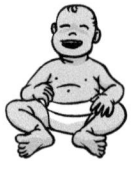

ማማይ
....
vauva

ሰብኣይ
....
mies

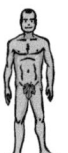

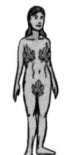

ሰበይቲ
....
nainen

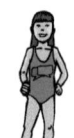

ጓል
....
tyttö

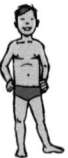

ወዲ
....
poika

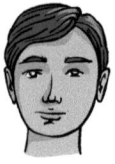

ርእሲ
....
pää

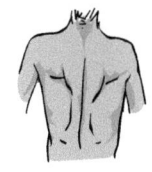

ሕቖ

selkä

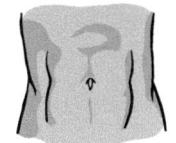

ከስዐ

maha

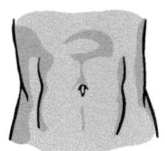

ሕምብርቲ

napa

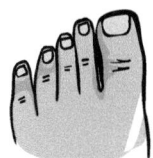

አጻብዕ እግሪ

varvas

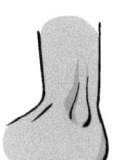

ኩርኹረ

kantapää

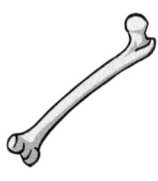

ዓጽሚ

luu

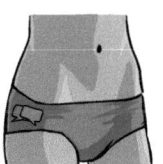

ምሕኹልቲ

lantio

ብርኪ

polvi

ፍግፍጕ

kyynärpää

አፍንጫ

nenä

መዓኮር

takapuoli

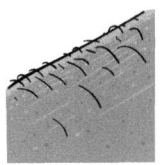

ቆርበት

iho

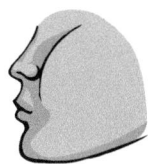

ምዕጕርቲ

poski

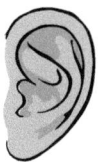

እዝኒ

korva

ከንፈር

huuli

አፍ

suu

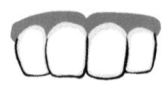

ስኒ

hammas

መልሓስ

kieli

ሓንጎል

aivot

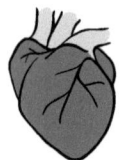

ልቢ

sydän

ጭዋዳ

lihas

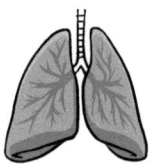

ሳንቡእ

keuhkot

ጸላም ከብዲ

maksa

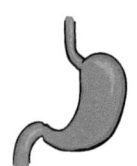

ከብዲ

vatsa

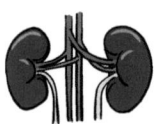

ኩሊት

munuaiset

ግብሪ ስጋ

seksi

ኮንዶም

kondomi

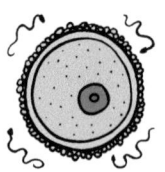

እንቋቍሓ

munasolu

ዘርኢ ተባዕታይ

sperma

ጥንሲ

raskaus

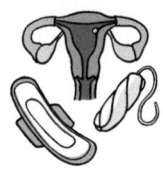

ድግያት

kuukautiset

ርሕሚ

vagina

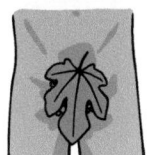

መትሎ

penis

ሽፋሽፍቲ

kulmakarvat

ጸጉሪ

hiukset

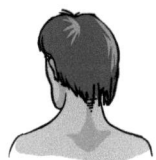

ክሳድ

niska

ሆስፒታል

sairaala

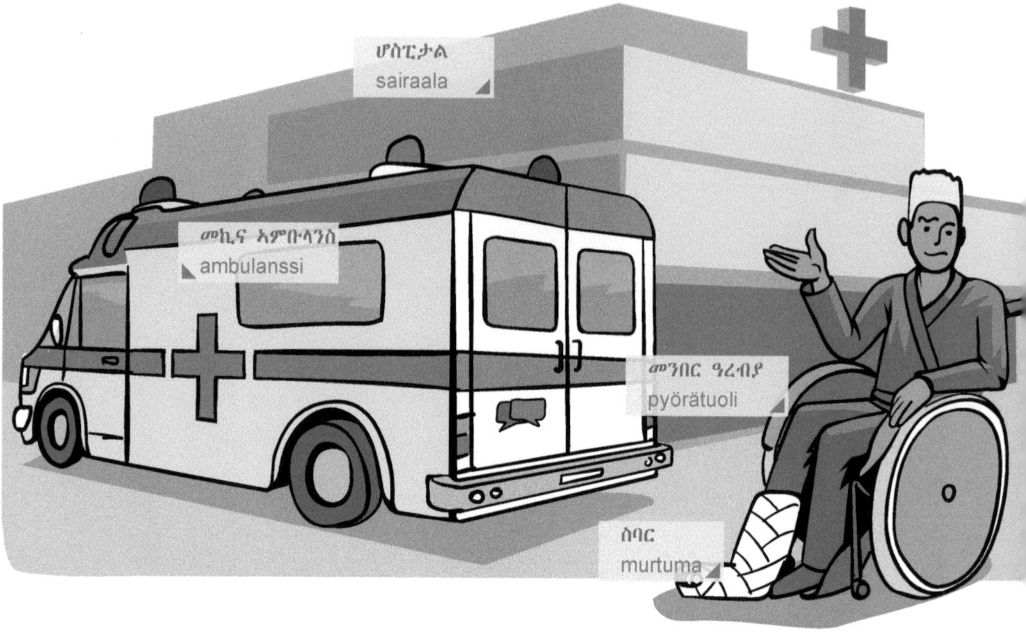

ሆስፒታል
sairaala
መኪና ኣምቡላንስ
ambulanssi
መንበር ዓረብያ
pyörätuoli
ስባር
murtuma

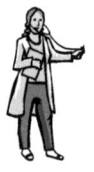

ሓኪም

lääkäri

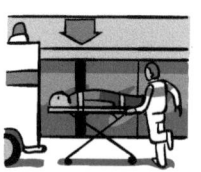

ክፍሊ ህጹጽ ረድኤት

ensiapu

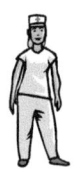

ኣላይት

sairaanhoitaja

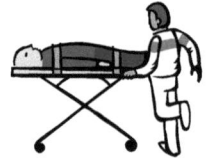

ህጹጽ ኩነት

hätätilanne

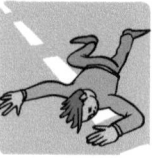

ውነኡ ዘጥፍአ

tajuton

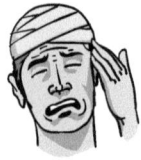

ቃንዛ

kipu

ጉድኣት
vamma

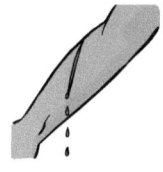

ደም
verenvuoto

ማህረምቲ
sydänkohtaus

ማህረምቲ
aivoinfarkti

ኣለርጂ
allergia

ሰዓል
yskä

ረስኒ
kuume

ኡንፍልወንዛ
flunssa

ውጽኣት
ripuli

ቃንዛ ርእሲ
päänsärky

መንሽሮ
syöpä

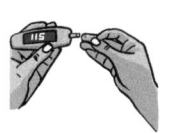

ሹኮርያ
diabetes

ሓኪም መጥባሕቲ
kirurgi

መጥብሒ
veitsi

መጥባሕቲ
leikkaus

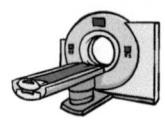

CT

ct

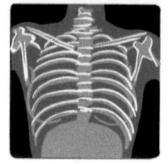

ራዲ

röntgen

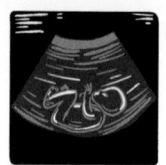

ልዕለ ድምጻዊ

ultraääni

መሸፈኒ ገጽ

maski

ሕማም

sairaus

ክፍሊ ምጽባይ

odotushuone

ምርኩስ

sauva

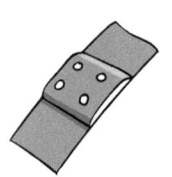

መጅነኒ ቹስሊ

laastari

መጅነኒ

side

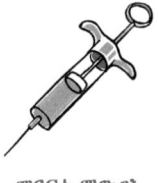

መርፍዕ ምውጋእ

pistos

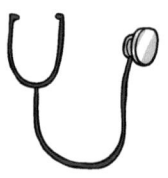

ስተቶስኮፕ

stetoskooppi

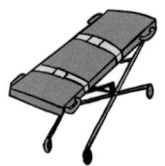

መሰከሚ ሕማም

paarit

ቴርሞመተር

kuumemittari

ትውልዲ

syntymä

ልዕለ-ሚዛን

ylipaino

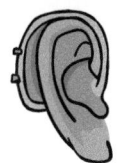

ሓገዝ ምስማዕ
....
kuulolaite

አንጻሂ
....
desinfiointiaine

ልበዳ
....
infektio

ቫይረስ
....
virus

ኤድስ
....
HIV / AIDS

ሕክምና
....
lääke

ክታበ
....
rokotus

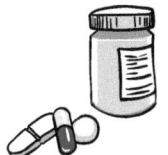

ከኒና
....
tabletit

ከኒና
....
pilleri

ህጹጽ ምድዋል
....
hätäpuhelu

መዐቀኒ ጸቕጢ ደም
....
verenpainemittari

ሕሙም / ጥዑይ
....
sairas / terve

ሓገዝ Apua!	ኣላርም hälytys	ም'ህጃም ryöstö

መጥቃዕቲ hyökkäys	ድንገት vaara	ህጹ-ጽ መውጽኢ hätäuloskäynti

ሓዊ! Tulipalo!	መጥፍኢ ሓዊ palosammutin	ሓደጋ onnettomuus
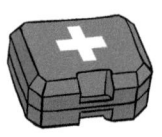		
ሳንጣ ቀዳማይ ረድኤት ensiapulaukku	SOS SOS	ፖሊስ poliisilaitos

ኤውሮጳ

Eurooppa

ሰሜን አመሪካ

Pohjois-Amerikka

ደቡብ አመሪካ

Etelä-Amerikka

አፍሪቃ

Afrikka

ኤስያ

Aasia

አውስትራልያ

Australia

አትላንቲክ

Atlantin valtameri

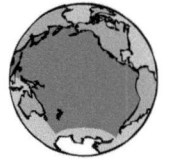

ፓሲፊክ

Tyynimeri

ህንዳዊ ዉቅያኖስ

Intian valtameri

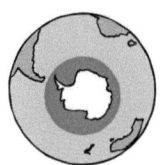

አንታርቲካዊ ዉቅያኖስ

Eteläinen jäämeri

አርክቲካዊ ዉቅያኖስ

Pohjoinen jäämeri

ሰሜናዊ ዋልታ

pohjoisnapa

ደቡባዊ ዋልታ

etelänapa

አንታርctቲካ

Antarktis

ምድሪ

maa

መሬት

maa

ባሕሪ

meri

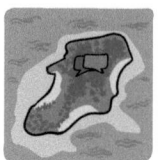

ደሴት

saari

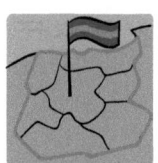

ሃገር

kansa

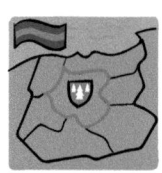

ዓዲ

osavaltio

ምድሪ - maa

ገጽ ሰዓት

kellotaulu

አመልካቲ ሰዓታት

tuntiviisari

አመልካቲ ደቃይቅ

minuuttiviisari

አመልካቲ ካልኢት

sekuntiviisari

ሰዓት ክንደይ አሎ?

Paljonko kello on?

መዓልቲ

päivä

ግዜ

aika

ሕጂ

nyt

ዲጊታል ሰዓት

digitaalikello

ደቒቕ

minuutti

ሰዓት

tunti

viikko

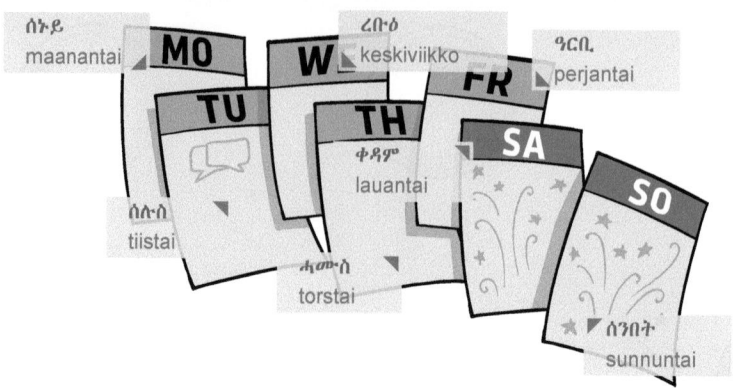

ሰኑይ
maanantai

W keskiviikko

ዓርቢ
perjantai

TU

ቀዳም
lauantai

ሰሉስ
tiistai

ሓሙስ
torstai

ሰንበት
sunnuntai

ትማሊ
......
eilen

ሎሚ
......
tänään

ጽባሕ
......
huomenna

ንጎሆ
......
aamu

ቀትሪ
......
keskipäivä

ምሸት
......
ilta

MO	TU	WE	TH	FR	SA	SU
1	2	3	4	5	6	7
8	9	10	11	12	13	14
15	16	17	18	19	20	21
22	23	24	25	26	27	28
29	30	31	1	2	3	4

መዓልታት ስራሕ
......
työpäivät

MO	TU	WE	TH	FR	SA	SU
1	2	3	4	5	6	7
8	9	10	11	12	13	14
15	16	17	18	19	20	21
22	23	24	25	26	27	28
29	30	31	1	2	3	4

መወዳእታ ሰሙን
......
viikonloppu

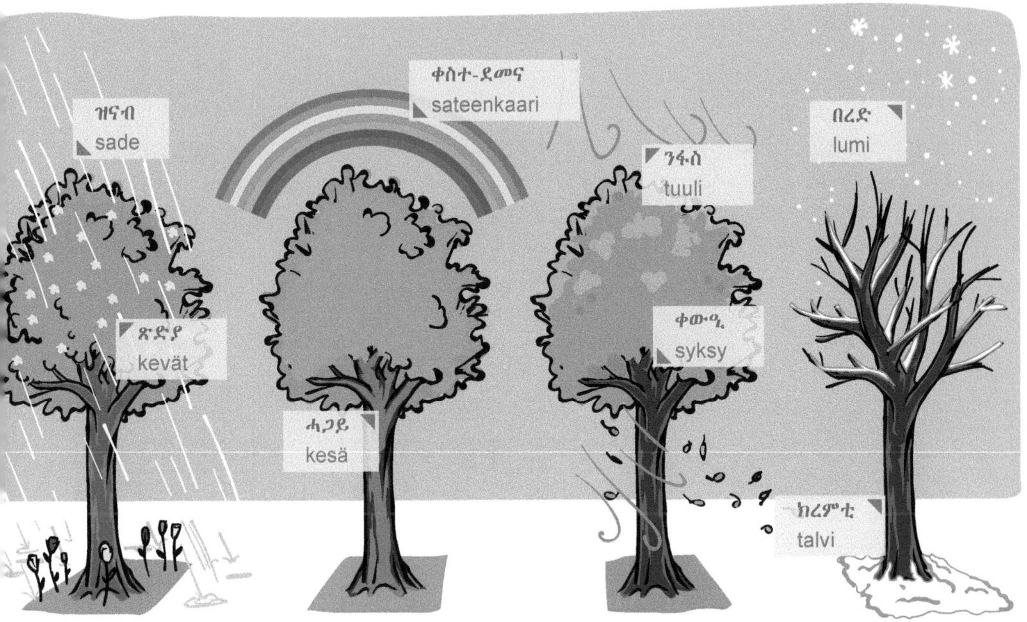

ዝናብ
sade
ቀስተ-ደመና
sateenkaari
ንፋስ
tuuli
በረድ
lumi
ጽድያ
kevät
ሓጋይ
kesä
ቀውዒ
syksy
ክረምቲ
talvi

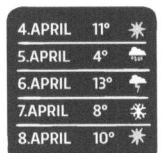

4.APRIL 11°
5.APRIL 4°
6.APRIL 13°
7.APRIL 8°
8.APRIL 10°

ትንቢት ኩነታት ኣየር

sääennuste

F C
120 90 60 30 0 -30
40 30 20 10 0 -10 -20

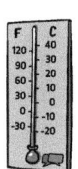

ቴርሞመተር

lämpömittari

ብርሃን ጸሓይ

auringonpaiste

ደበና

pilvi

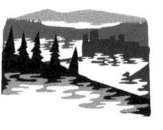

ግመ

sumu

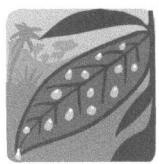

ጠሊ

ilmankosteus

ብርቂ

salama

ነጎዳ

ukkonen

ህቦብላ

myrsky

በረድ

rae

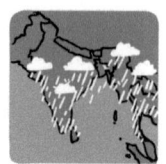

ብርቱዕ ህቦብላ

monsuuni

ውሕጅ

tulva

በረድ

jää

ጥሪ

tammikuu

ለካቲት

helmikuu

መጋቢት

maaliskuu

ሚያዝያ

huhtikuu

ጉንበት

toukokuu

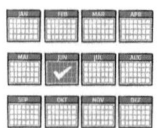

ሰነ

kesäkuu

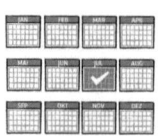

ሓምለ

heinäkuu

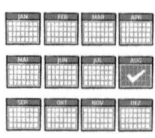

ነሓሰ

elokuu

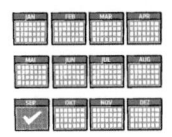

መስከረም
....
syyskuu

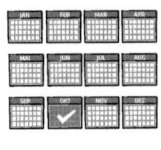

ጥቅምቲ
....
lokakuu

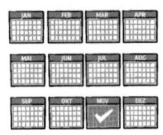

ሕዳር
....
marraskuu

ታሕሳስ
....
joulukuu

ቅርጻታት

muodot

ዙርያ
....
ympyrä

ትርብዒት
....
neliö

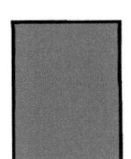

ቅኑዕ ርቡዕ ኮርናዕ
....
suorakulmio

ስሉስ ኩርናዕ
....
kolmio

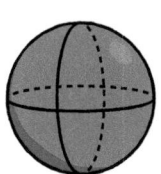

ክቢ
....
pallo

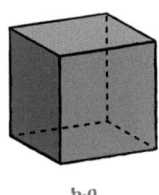

ኩቦ
....
kuutio

ጸዕዳ

valkoinen

ብጫ

keltainen

አራንሺ

oranssi

ፒንክ

vaaleanpunainen

ቀይሕ

punainen

ጀክ

violetti

ሰማያዊ

sininen

ቀጠልያ

vihreä

ቡናዊ

ruskea

ሓሙኹሽታይ

harmaa

ጸሊም

musta

ብዙሕ / ውሑድ

paljon / vähän

ሕሩቅ / ሰላማዊ

vihainen / ystävällinen

ጽቡቅ / ክፉእ

kaunis / ruma

መጀመርያ / መወዳእታ

alku / loppu

ዓቢ / ንእሽቶ

suuri / pieni

ብሩህ / ጸልማት

vaalea / tumma

ሓው / ሓፍት

veli / sisko

ጽሩይ / ርሳሕ

puhdas / likainen

ምሉእ / ዘይምሉእ

täydellinen / epätäydellinen

መዓልቲ / ለይቲ

päivä / yö

ሙዉት / ህልው

kuollut / elävä

ሰፊሕ / ጸቢብ

leveä / kapea

ደስ ዘበለ / ደስ ዘይብል

syötävä / syömäkelvoton

እኩይ / ህያዋይ

paha / kiltti

ርቡጽ / ስልኩይ

innostunut / tylsistynyt

ረጊድ / ቀጢን

lihava / laiha

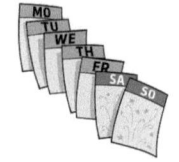

ቀዳማይ / ናይ መወዳእታ

ensimmäinen / viimeinen

ዓርኪ / ጸላኢ

ystävä / vihollinen

ምሉእ / ባዶ

täysi / tyhjä

ተሪር / ልስሉስ

kova / pehmeä

ከቢድ / ፈኩስ

painava / kevyt

ጥምየት / ጽምየት

nälkä / jano

ሕሙም / ጥዑይ

sairas / terve

ዘይሕጋዊ / ሕጋዊ

laiton / laillinen

መስተውዓሊ / ስዲ

älykäs / tyhmä

ጸጋም / የማን

vasen / oikea

ቀረባ / ርሓቅ

lähellä / kaukana

ሓዲሽ / ብሉይ

uusi / käytetty

ዋላ ሓደ / ገለ

ei mitään / jotain

ዓቢ/ኣረጊት / መንእሰይ

vanha / nuori

ወልዕ / ኣጥፍእ

päällä / pois päältä

ክፉት / ዕጹው

auki / kiinni

ህዱእ / ዓው

hiljainen / äänekäs

ሃብታም / ድኻ

rikas / köyhä

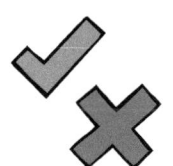

ቅኑዕ / ግጉይ

oikein / väärin

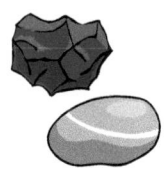

ሓርፋፍ / ልሙጽ

karhea / sileä

ጉሁይ / ሕጉስ

surullinen / iloinen

ሓጺር / ነዊሕ

lyhyt / pitkä

ቀስ / ቅልጡፍ

hidas / nopea

ጥሉል / ንቑጽ

märkä / kuiva

ምዉቕ / ዝሑል

lämmin / viileä

ውግእ / ሰላም

sota / rauha

0	**1**	**2**
ዜሮ	ሓደ	ክልተ
nolla	yksi	kaksi
3	**4**	**5**
ሰለስተ	አርባዕተ	ሓሙሽተ
kolme	neljä	viisi
6	**7**	**8**
ሽዱሽተ	ሸውዓተ	ሸሞንተ
kuusi	seitsemän	kahdeksan
9	**10**	**11**
ትሽዓተ	ዓሰርተ	ዓሰርተ ሓደ
yhdeksän	kymmenen	yksitoista

12

ዓሰርተ ክልተ

kaksitoista

13

ዓሰርተ ሰለስተ

kolmetoista

14

ዓሰርተ ኣርባዕተ

neljätoista

15

ዓሰርተ ሓሙሽተ

viisitoista

16

ዓሰርተ ሽዱሽተ

kuusitoista

17

ዓሰርተ ሸውዓተ

seitsemäntoista

18

ዓሰርተ ሸሞንተ

kahdeksantoista

19

ዓሰርተ ትሽዓተ

yhdeksäntoista

20

ዕስራ

kaksikymmentä

100

ሚእቲ

sata

1.000

ሽሕ

tuhat

1.000.000

ሚልዮን

miljoona

እንግሊዝኛ

englanti

አመሪካዊ እንግሊዛዊ

amerikanenglanti

ቻይናዊ ማንዳሪን

mandariinikiina

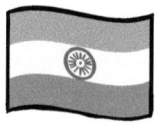

ሂንዳዊ

hindi

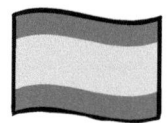

እስጳኛዊ

espanja

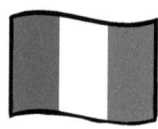

ፈረንሳዊ

ranska

ዓረባዊ

arabia

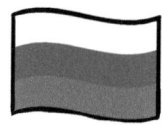

ሩሲያዊ

venäjä

ፖርቱጋላዊ

portugali

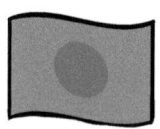

በንጋሊ

bengali

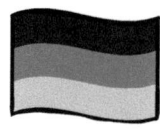

ጀርመናዊ

saksa

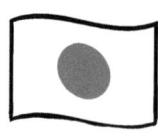

ጃፓናዊ

japani

አነ

minä

ንስኻ/ኺ.

sinä

ንሱ / ንሳ / ንሱ

hän

ንሕና

me

ንስኻ

te

ንላቶም

he

መን?

kuka?

እንታይ?

mitä / mikä?

ከመይ?

miten?

አበይ?

missä?

መዓስ?

milloin?

ሽም

nimi

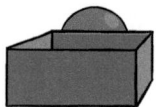

ድሕሪ

takana

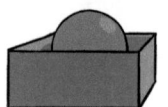

ኣብ

sisällä

ኣብ ቅድሚ

edessä

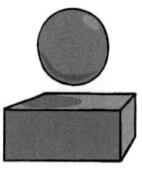

ኣብ ላዕሊ

yläpuolella

ኣብ ልዕሊ

päällä

ትሕቲ ምድሪ

alapuolella

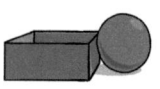

ኣብ ጥቓ

vieressä

ኣብ መንጎ

välissä

ቦታ

paikka